A E
& I

Noviembre

Autores Españoles e Iberoamericanos

Jorge Galán

Noviembre

Planeta

Diseño de portada: Genoveva Saavedra / aciditadiseño
Imagen de portada: sacerdote, Gregory Dean; cruz con rosas, Elena Dijour; fondo, Tonktiti; gotas de sangre, Triff / Shutterstock

© 2015, Jorge Galán

Derechos reservados

© 2015, Editorial Planeta Mexicana, S.A. de C.V.
Bajo el sello editorial PLANETA M.R.
Avenida Presidente Masarik núm. 111, Piso 2
Colonia Polanco V Sección
Deleg. Miguel Hidalgo
C.P. 11560, México, D.F.
www.planetadelibros.com.mx

Primera edición impresa en México: octubre de 2015
ISBN: 978-607-07-3108-2

Impreso en los talleres de Litográfica Ingramex, S.A. de C.V.
Centeno núm. 162-1, colonia Granjas Esmeralda, México, D.F.
Impreso en México – *Printed in Mexico*

A Fernando Valverde

Inicio

Esta historia debería empezar en 1950, cuando un hombre en un aula poco iluminada preguntó si alguien quería ofrecerse como voluntario para viajar a América. Sentados en sus butacas, un grupo de jóvenes, ninguno de ellos mayor de diecinueve años, lo escuchaba con la fascinación con la que se oye una historia de aventuras. Aquel hombre les habló de un lugar con calles de piedra situado en las estribaciones de un valle dominado por un volcán y rodeado de cerros que eran parte de una cordillera que se extendía desde México hasta las regiones profundas de América del Sur, y cuyo trayecto sólo se veía interrumpido por el canal de Panamá.

Aquella mañana, pese a la fascinación de todos los jóvenes seminaristas, sólo uno de ellos levantó su mano. Poco después, con una alegría creciente y genuina, empezó un largo viaje hacia el otro lado del océano. En esos días le gustaba pensar que al volver sin duda sería otra persona. Lo que nunca pudo imaginar entonces es que no iba a volver, o que lo haría sólo de una forma parcial e incompleta, porque volver para marcharse es como no volver y porque uno sólo regresa al lugar al que pertenece, y este hombre, este muchacho de diecisiete años, pronto iba a darse cuenta de que ya no pertenecía al sitio del que había partido.

Así debería empezar esta historia, con un joven de sotana negra bajando las escalerillas de un avión una mañana, el sol terrible del trópico sobre su cabeza, la brisa tibia en su rostro aún terso, a un tiempo asombrado y curioso por lo que observaba a su alrededor, por los árboles que se extendían junto a la pista, por los cerros en la lejanía, por el volcán que llenaba el horizonte en el norte. Al tocar el suelo cerraría sus ojos y permanecería un instante en aquella extraña quietud llena de aroma y luz y con un ruido lejano de aves semejante a un murmullo. Años más tarde, podemos ver al mismo hombre y los mismos ojos cerrados, pero no baja de unas escalerillas. Tampoco es 1950, es 1989. Cerca de medianoche.

Dentro de una profunda oscuridad, tendido en la cama, abrió de nuevo sus ojos. Creyó escuchar voces lejanas pero no estuvo seguro de que fueran reales, al menos en un principio. Se encontraba en su habitación de la casa de los jesuitas de la Universidad Centroamericana de San Salvador, en la que vivía desde hacía años. A lo lejos, podía escuchar los enfrentamientos que se producían por toda la ciudad, y a pesar de ello, había podido dormir al menos unas horas hasta que aquel desorden lo despertó. Un grupo de personas esperaba fuera y le llevó sólo un instante comprenderlo. Sintió unos pasos, los pasos de un corredor, o muchos de ellos, porque eran muchos. Se sentó sobre su cama, alerta pero sin angustia. Alguien golpeaba las puertas y se percibía un sonido de metal contra metal. No era una visita amable, sin duda. Lo comprendió con claridad, pero no sintió angustia sino pena, si hubiera estado solo habría sido distinto, pero estaba con sus compañeros. Con él eran seis sacerdotes en la casa.

Pronto las voces ya no se escondieron en los cuchicheos y se mostraron tal cual eran. Sonó el primer disparo. Venía de atrás, de la fachada del Centro Monseñor Romero. Ignacio Ellacuría se levantó y buscó su albornoz. No tenía miedo, pero la mano le temblaba y le costó un poco hacer el nudo cuando se puso su vestimenta y amarró la tira de tela que servía como cincho alrededor de su cintura. Se pasó la mano por la cabeza sólo como un reflejo y salió de la habitación. Sus compañeros también estaban despiertos. Les pidió calma. Alguno de ellos rezaba. Otro preguntó: *¿Vienen a catear otra vez?*, pero Ellacuría no se atrevió a responder y nadie lo hizo. *¿Qué está pasando?*, preguntó alguno más, y tampoco hubo una respuesta. Pidió calma de nuevo y explicó que iría a mirar qué sucedía. Uno de sus compañeros le dijo que tuviera cuidado y Ellacuría contestó: *No te preocupes*. Y esa frase era sincera, ya no había de qué preocuparse, ya no podían hacer nada.

Caminó hasta la entrada principal. Se detuvo junto a una hamaca y desde allí los vio y lo vieron. Aquellos hombres daban grandes gritos y golpeaban la puerta. *No armen este escándalo que ya les voy a abrir,* les pidió Ellacuría, y entre esa frase y la entrada crecieron unos segundos, quizá los mismos que tardó casi cuarenta años antes en levantar la mano, el día que, en un aula, un hombre preguntó quiénes viajarían como voluntarios a Centroamérica. Aquel hombre avanzó de la profunda noche a una noche aún mayor y su pensamiento no se encontraba ya en aquel pasillo ni frente a esa puerta sino en sus padres, en sus amigos, en los años de su juventud. Y cuando su mano temblorosa giró la cerradura y la puerta se abrió y entró la brisa tibia con ese olor a pólvora y sudor, exuberante a su manera, sintió una calma incomprensible, quizá aquella de quien ha recorrido el largo camino de una enfermedad y cree que ha llegado el momento de descansar, ese en el que todo parece menos terrible. Sólo entonces, es capaz de entregarse a lo que viene sin importarle lo que encontrará al otro lado, sin importarle incluso si hay otro lado posible.

Si yo sé por qué están aquí, les dijo Ellacuría. Mientras algunos hombres pasaban junto a él y se dirigían a las habitaciones, el teniente a cargo le pidió a un subordinado que llevara a Ellacuría con los otros, al jardín. Quizá si hubiera sido un solo hombre, un solo sicario, hubiera podido dialogar con él, tratar de convencerlo, pero eran tantos que desde el principio supo que era inútil. Y sin embargo, lo intentó. *Ustedes vienen a por mí, y aquí estoy, no vayan a tocar a nadie más.* El teniente no pareció escucharlo. *Aquí estoy, los otros no les han hecho nada. Ya me tienen a mí.* Pero aquel hombre ni siquiera lo miró. Caminó unos pasos junto al padre Ellacuría hasta el jardín. Un soldado tomó al sacerdote por el hombro y lo obligó a tirarse al suelo. Dentro de la casa los gritos de los militares escalaban sobre las protestas de los otros sacerdotes. Ellacuría se acostó sobre la hierba húmeda. A su alrededor había un ruido de grillos que pasó inadvertido para todos. Una luna enorme y llena se hallaba en el cenit e iluminaba toda la escena. Las ventanas de las casas colindantes mostraban siluetas que aparecían y desaparecían en la oscuridad. Nadie podía ver el interior de la casa de los padres, pero sí escuchar lo que sucedía. Uno a uno, llegaron los otros, obligados por los soldados, y se tiraron a la hierba. *Hubiera querido despedirme de mi hermana,* dijo Ignacio Martín-Baró. *He hablado con ella hoy y no le he dicho nada.* Sollozaba. Alguien más le dijo: *Que no nos vean llorar.* Detrás de ellos, otro dijo: *Esto es una injusti-*

cia. Y otro más giró la cabeza hacia los soldados: *Sois unos desgraciados.* Pero pronto dejaron de protestar o sollozar y uno de ellos empezó a rezar el padrenuestro. Tiempo después, los testigos de las casas vecinas dirían que escucharon una especie de *lamento acompasado,* pero no era un lamento lo que oían sino el leve canto del padrenuestro, que rezaron al unísono. Habían llegado al país, muchos años antes, como sacerdotes, y querían marcharse de la única manera que sabían. Después de unos minutos, uno de los soldados se acercó y realizó el primer disparo. Uno de los sacerdotes quiso levantarse pero no tuvo tiempo. Pronto el lamento acompasado cesó. Y todo cesó. Era la madrugada del 16 de noviembre de 1989.

Primera parte

1

La mañana era fría pero no en el campus de la universidad.

Había entrado y recorrido sólo unos metros cuando el aire se había vuelto tibio, y lo era incluso en la zona que se encuentra junto a la Rectoría, donde acaba la cancha de fútbol, en esa orilla llena de pinos que dan sombra todo el año. Serían las seis de la mañana y caminó toda esa calle lateral que recorre la parte trasera de la biblioteca y de los edificios del laboratorio y llega hasta el Centro Monseñor Romero. La tibieza que había sentido se hizo más evidente en cuanto entró al centro, pero ya sus pasos, que antes habían sido enérgicos, sin que lo notara, se habían vuelto lentos, como si algo le impidiera darlos, como si un niño pequeño se amarrara a sus piernas y le impidiera andar con agilidad.

La puerta estaba abierta y el lugar parecía un campo de batalla por dentro, con restos de casquillos de bala por el suelo. Era evidente que un incendio había acabado con algunas de las habitaciones. No quiso entrar a ninguna de ellas, pero por el pasillo sus huellas frescas se unieron a docenas de huellas que se dibujaban en la ceniza. Subió las gradas que llevaban del centro a la casa de los jesuitas. Pronto pudo ver los cuerpos de los sacerdotes. Caminó alrededor de ellos, sin dejar de mirarlos, y se inclinó para tocar al padre Martín-Baró. Puso sus dedos en el hombro del sacerdote como si intentase despertarlo, pero no reaccionó. Vio un rastro de sangre que iba desde el jardín hacia el interior de la casa. Sintió una sombra detrás, una sombra tan real como el dolor. Él no había ido a buscar a los sacerdotes, estaba allí por su mujer y su hija, que vivían en la misma casa.

Al subir las gradas tuvo el impulso de correr hasta la habitación del fondo, donde las dos pasaban la noche, pero no se atrevió. Se quedó con los jesuitas asesinados y quiso creer que no faltaba nada para oír la voz de su mujer diciéndole que dejara eso, que entrara en la habitación, que se apurara en llamar a una ambulancia… pero la voz no llegaba. Tardó unos minutos en atreverse a dejar los cuerpos de los sacerdotes atrás y enfrentarse a la habitación al fondo. No supo cuándo tapó su boca con la mano. El silencio de todo el lugar era una evidencia demasiado terrible. Temblaba al acercarse. La puerta estaba abierta. ¿Por qué no había salido su mujer o su hija? ¿Por qué no las escuchaba? Se detuvo a un paso de la puerta y se encontró perdido. Un instante después se asomó y las vio, una junto a otra, tiradas en el suelo, casi abrazadas. Se sentó en medio de la habitación, aún con la mano sobre la boca, pero sin mirar más, porque no quería ver más, ni pensar, ni sentir. Cuando pudo levantarse, caminó hasta la capilla, que estaba justo al lado de la habitación, y se sentó de nuevo, recargándose en uno de los muros de la fachada. Sólo en ese momento tan lleno de soledad como de espanto pensó en lo que podría hacer, y era nada, salvo salir de la universidad y caminar hasta la casa donde vivían los otros jesuitas, que estaba a sólo unos metros del campus, al final de una calle paralela. Supuso que debía dar aviso de lo sucedido. Así que se levantó y de pronto sintió una urgencia enorme, como si al llegar más rápido pudiera solucionarse algo. Por eso apuró el paso. Salió de la universidad y casi corrió para dar la noticia, sin notar que, al dejar aquella casa, la mañana seguía siendo fría.

2

José María Tojeira estaba aseándose en el patio. Había afeitado la mitad de su rostro cuando el padre Francisco Estrada se asomó a la puerta.

—Chema, acaba de llegar Obdulio y dice que han asesinado a los jesuitas de la UCA y también a su mujer y su hija.

Tojeira sintió que el suelo se movía o que se ponía blando como cuando se anda sobre un bosque de pinos en el otoño y las hojas cubren el polvo y las raíces. La sensación de mareo se mezcló con el frío y tardó unos segundos en comprender lo que le acababan de comunicar de una forma tan trivial, como si le hubieran anunciado que estaba listo el desayuno. Llamó a otro de los jesuitas, que se encontraba en la planta alta de la casa, y le pidió que lo acompañara mientras acababa de afeitarse, que lo sostuviera porque sentía que se caía. Al terminar, subió a su habitación, se vistió y lo que pensó no lo recuerda, ha quedado perdido para siempre.

Al bajar encontró a Obdulio sentado en un sillón de la sala. Parecía haber empequeñecido de alguna forma, como cuando la mano abierta se convierte en un puño cerrado. Silencioso, oscuro, con la mirada extraviada, apoyaba su cabeza en la pared y parecía no escuchar nada de lo que se decía a su alrededor. Junto a Obdulio, de pie, se encontraban otros compañeros y una mujer llamada Lucía, que se había quedado a pasar la noche en un edificio contiguo a la universidad, propiedad de la Compañía de Jesús, donde le habían dado resguardo pues no había podido volver a su casa, que se encontraba en medio de una zona de guerra. Lucía trabajaba con los padres en la universidad y aquellos días la acompañaban su hija y su esposo. En cuanto vio aparecer a Tojeira se abalanzó sobre él y le dijo:

—Padre, yo los vi, los vi y los escuché. Eran soldados, padre.

Los había visto salir de la casa, iluminados por la luz de la luna, una luz más radiante que ningún otro día. Tal vez sorprendida por las bengalas que los soldados lanzaron en el momento de la retirada. Tojeira y algunos sacerdotes hablaron brevemente con Lucía. Le preguntaron si estaba dispuesta a testificar. Ella no dudó. Contestó que sí, que haría lo que fuera necesario. Le pidieron que, por su seguridad, lo mejor era que pasara desapercibida, que volviera a la casa y no hablara con nadie, que ellos se encargarían de todo.

Como aún tenían que comprobar lo que les habían dicho, se prepararon para salir. Pero antes de hacerlo, uno de los jesuitas preguntó: *¿Y qué hacemos si todavía están dentro?* Le preguntaron a Obdulio si había visto a alguien, y él contestó que no, que no había nadie, o que al menos él no había descubierto a nadie dentro.

—¿Y si están escondidos? Aún es muy temprano, pueden estarnos esperando.

—Obdulio, ¿has revisado la casa de los padres?

—No, padre, no revisé nada —respondió aquel hombre, que era una sombra—. No quise entrar ni al cuarto donde estaba mi mujer.

—Yo creo que hay que ir a ver qué ha pasado —indicó Tojeira—. Es peor si no vamos. ¿O alguno quiere quedarse?

Nadie respondió. Así que Tojeira los dividió en dos grupos.

—Ustedes vengan conmigo —pidió a algunos—, vamos a entrar por el portón del lado este. Y ustedes vayan por la entrada peatonal. Si oyen disparos, vuelvan corriendo a la casa y llamen a la prensa internacional, y no salgan.

No estaban lejos, la casa en la que vivían Tojeira y los otros jesuitas estaba apenas a unos metros de la entrada peatonal de la universidad, al fondo, en la misma calle. A la entrada este se podía acceder rodeando la casa y bajando a través de una avenida que transcurre de norte a sur, desde el Bulevar Los Próceres hasta Antiguo Cuscatlán. Así que Tojeira fue por allí, con la llave de la puerta en la mano. Hubiera querido que los goznes no hicieran ruido al abrir, pero fue inevitable. Desde esa entrada, el Centro Monseñor Romero quedaba a unos pocos metros a la izquierda, al subir a través de la calle interna de la universidad.

La casa de los jesuitas de la UCA se encuentra en la fachada opuesta al Centro Monseñor Romero, y se tiene acceso a ella desde el interior del centro o desde una entrada que se encuentra junto a la capilla. En el lado izquierdo de la calle no hay construcciones sino un largo trecho de árboles, hierba y macizos de flores. En el lado derecho hay una serie de edificios, que sirven para albergar laboratorios de ingeniería. Cuenta Tojeira que avanzaron bajo la sombra de los grandes árboles que dominan esa parte del campus, que era un día luminoso, frío, y que el bullicio de los pájaros inundaba todo el lugar. Eso le hizo pensar que lo que les habían asegurado no podía ser posible, no en un día como aquel. Todo aquello tenía que ser una extraña mentira. Ese pensamiento permanecía en él incluso cuando entró al Centro Monseñor Romero a través de una puerta sin cerrar, y le llegó un aroma de ceniza, tibio, agrio, que provenía de las habitaciones laterales, consumidas por el fuego. No fue suficiente para agotar su esperanza, siguió pensando que todo podía ser un error, una espantosa confusión, mientras subía las gradas que dan acceso a la casa de los padres, escalón a escalón, y no dejó de pensarlo hasta el último instante, cuando vio, primero, una mano tirada en la hierba, y luego un hombre entero, seguido de otros tres cuerpos esparcidos como semillas extrañas por el pequeño jardín.

Se encontraban boca abajo, con los brazos extendidos como si quisieran alcanzar algo que se hallaba frente a ellos. Otro, con un solo perfecto orificio, asesinado con un tiro de gracia. Tojeira y los demás sacerdotes estuvieron un largo rato contemplando aquella escena irreal, quizá convenciéndose de que lo que veían era cierto. Unos minutos más tarde, Tojeira entró para revisar las que habían sido sus habitaciones, y en una de ellas encontró el cuerpo del padre Joaquín López y López en medio de una informe huella de su propia sangre. Después caminó hasta la habitación que pertenecía habitualmente al padre Jon Sobrino, que estaba de viaje fuera del país. Allí encontró el cadáver del padre Juan Ramón Moreno, que parecía haber sido arrastrado hasta aquel lugar. Poco después salió y se dirigió a la habitación que ocupaban la mujer y la hija de Obdulio.

—No lloraba —me dice Tojeira.

—¿Usted, padre?

—Ni Obdulio ni yo.

Me habla de Obdulio, y lo que me cuenta de él podría haberlo dicho sobre un cadáver, silencioso, pávido, oscurecido, sin emitir un sollozo, resignado, sometido por el peso de un destino que ha enseñado a la gente que habita este lugar de sombra que la resignación es lo único que puede encontrar en una ciudad y en un país como este. Su mujer, Elba, estaba sobre su hija, Celina, y era claro que la madre había querido proteger a la hija, que intentó salvarla hasta el último instante. El cuerpo y el rostro de la madre estaban destrozados.

Tojeira habla de esa mañana como si hubiera ocurrido una semana atrás, un mes atrás, un día atrás, porque las imágenes de ese instante nefasto, lo que vio entonces con una mirada endurecida por las circunstancias, no es algo que se pueda olvidar aunque hayan pasado muchos años, aunque hayan pasado todos los años de su vida, porque cuando el último de los días llegue para él, ese recuerdo será como un relieve sobre los otros. Y al hablarme de los cuerpos de sus compañeros, no vuelve a mencionar ni lo luminosa que era la mañana ni el bullicio de las aves ni que la brisa había vuelto y la hierba alrededor de los cuerpos se movía como si nada ocurriera más allá, como si la muerte y el miedo no fueran más que una extraña invención en el terrible mundo de los hombres.

3

Días atrás, el 11 de noviembre de 1989, las fuerzas militares del Frente Farabundo Martí para la Liberación Nacional (FMLN) dieron inicio a la que denominaron una *ofensiva final*. No hubo un ataque en toda la guerra civil salvadoreña que tuviera una envergadura mayor. Se libraron combates por todo el país, pero principalmente en la capital, San Salvador, adonde la guerra no solía llegar con frecuencia. El sonido de la metralla, cercana o lejana, no había cesado desde entonces, y para la madrugada del día 16 aquello se había convertido en una sombría cotidianidad.

—Por la noche escuchamos los disparos —recuerda Tojeira— pero no sospechamos nada, creímos que era un combate más. Uno de tantos. Llevábamos cuatro o cinco días así. Y esa madrugada, lo que nos alarmó es que todo sucedía muy cerca, pero nada más. Fueron veinte minutos de disparos. Tres granadas y un cohete antitanque Low. Además de armas de diverso calibre. Una AK-47, que era el arma de los guerrilleros, mucho M-16, que era la usada por el ejército, y una M-60, con la que ametrallaron el edificio. Por último, un lanzallamas, que usaron para destruir el interior de las oficinas del Centro Monseñor Romero. Claro que oíamos aquello y creíamos que era un enfrentamiento. ¿Qué otra cosa podíamos pensar?

Yo creo que no podían pensar ninguna otra cosa, pero no respondo a su pregunta porque no es una pregunta en realidad, sino un lamento. Sus ojos se han oscurecido mientras hablamos, también la habitación, como cuando pasa una nube de tormenta. Volvemos a esa mañana, a los cuerpos de los padres tirados en la hierba y al horror que viene después, cuando se preparan para el día y se reparten las tareas por hacer.

Fue Tojeira quien repartió las obligaciones como un hermano mayor que habla con los más pequeños en ausencia de sus padres y les ordena qué deben hacer para que la casa no se venga abajo. Se han quedado solos, están solos. Y aunque son hombres, algunos incluso de mayor edad que los asesinados, el vacío es tan hondo que comprenden que están solos, como si aquello fuera una verdad absoluta.

—Tú vas al arzobispado, ordenó a uno de ellos Tojeira, y le dices al arzobispo lo que sucede.

—¿No será mejor llamar?

—O llámale, o ve, como prefieras. Pero debes informarle. Y tú, tú tienes que ir al hotel Camino Real, donde está la prensa internacional.

—¿Vamos a quedarnos aquí? —preguntó otro.

—¿Cómo? ¿Ahora?

—Por la noche. Me refiero a la noche. Quizá no sea conveniente quedarnos en esta casa.

—A lo mejor es peligroso quedarnos aislados —consideró otro más—. Y estamos muy cerca de la universidad, seguro que saben que estamos aquí.

—Quizá habría que estar todos juntos. Los seminaristas, nosotros…

—Bueno —les concedió Tojeira—, quizá lo mejor sea reunirse en una sola casa, irnos todos para la casa de Santa Tecla. Pero eso lo veremos luego, lo importante ahora es hacer un análisis de lo que ha sucedido.

—Hay que irse de aquí. Lo de Santa Tecla me parece la solución.

—Sí, lo haremos. Pero antes esto, ¿qué vamos a decir a la prensa? —preguntó Tojeira.

¿Qué conclusión sacamos de todo esto nosotros?

—Lo que nos dijo Lucía, eso es lo que debemos decir, no hay otra posibilidad.

—Sí, bueno, sí, pero no podemos decir sólo eso. Quizá, ni siquiera podemos decir que nos lo dijo una testigo. Sería demasiado peligroso.

—Lo que ha pasado es obvio. La universidad está en una zona militarizada. Estamos rodeados. Aquí no puede entrar nadie más que el ejército.

Para los jesuitas no hay otra explicación. Frente a la universidad, cruzando el Bulevar Los Próceres, se encuentra la colonia Arce, una colonia exclusivamente de militares. Más allá, a menos de quinientos metros, está la escuela militar, y junto a ella, la sede del Estado Mayor junto a la Fuerza Armada y la sede de la Inteligencia Militar. Toda aquella zona estaba acordonada por efectivos militares, que se extendían por toda la colonia Jardines de Guadalupe, alrededor de la UCA. Incluso en edificios anexos a la universidad se sabía que había unidades del ejército. Era imposible que una patrulla de la guerrilla penetrase en la zona en medio de toda esa seguridad, incursionara en el campus y asesinara a los jesuitas. Todo eso sin tener en cuenta que Lucía los había visto.

—Decidieron decir lo que creen que es la verdad.

—Sí. No había otra manera.

—Aun con el riesgo que implicaba acusar al ejército. A un ejército en medio de una ofensiva militar. A uno que acababa de matar a sus compañeros.

—¿Qué más podíamos hacer?

Había razón para el miedo, pero decidieron que no podían callarse. Después de aquella reunión cada uno de ellos salió a hacer lo que se le había indicado y ninguno supo distinguir el silencio de las casas aledañas a la universidad. Ninguno descubrió los rostros en las ventanas. Nadie en el vecindario sabía lo que había pasado, pero les vieron caminar por la acera, les observaron andar con la vista perdida en el polvo que se revelaba en la luz más clara de noviembre y caía al suelo. Habían sentido el peso de la sombra que cubría a cada uno. Habían notado su silencio terrible. Y todo eso les dijo que algo sucedía en la universidad. Ninguno saludaba, ninguno sonreía, se habían convertido en siluetas, siluetas que iban y venían en el frío de la madrugada y a las que ellos tampoco se atrevían a saludar, como habrían hecho habitualmente. Alguno de los vecinos pensó en el asesinato, pero no se atrevió a creerlo. Tan inverosímil les parecía.

Tojeira caminó hasta su oficina. Debía llamar a Roma. Sus pies se arrastraban por la acera, pero él no podía notarlo. Arrastraba piedrecillas y hojas secas y barría el polvo, pero él andaba atrapado por una sola imagen, la de sus compañeros en la grama, desvanecidos, de espaldas. Si hubiera existido un precipicio en la acera por donde caminaba, habría caído irremediablemente. Parecía haber dejado la existencia durante ese trayecto que hizo de manera automática, de memoria. Tampoco notó a los fisgones de las ventanas. Ni escuchó los murmullos que se decían entre ellos. Nada había afuera. Todo sucedía dentro de él, donde aún se encontraba muy cerca de los cuerpos de sus compañeros, de pie, teniendo el cuidado de no tocarlos, de no mancharlos con la suela de su zapato. Abrió la puerta sin darse cuenta, caminó hasta su escritorio, buscó el número y marcó. Mientras marcaba pensaba que era terrible tener que dar una noticia como aquella. ¿Qué hora sería en Roma? La mitad de la tarde. Quizá estuvieran almorzando. O durmiendo una siesta. O bebiendo café. Quizá alguno de los amigos estuviera a punto de contar una anécdota sobre Ellacuría o sobre el padre Segundo Montes o sobre cualquiera de los otros. Para los jesuitas de Roma nadie había muerto. Todos estaban con salud y todos los recuerdos con sus compañeros eran buenos.

Al otro lado le respondió un sacerdote. *Buongiorno*, dijo, y Tojeira pensó que estaban a punto de morir otra vez, con su noticia. Pero no podía echarse atrás, su obligación le mandaba explicar lo sucedido, y lo hizo lo mejor que pudo.

—¿Pero tú estás bien? —preguntó el hombre que había contestado.

—Sí, sí, estoy bien —aseguró Tojeira, que continuó contando lo sucedido—. ¿Pero ha entendido lo que le he dicho? Han matado a los jesuitas de la UCA, a ellos y a sus dos asistentes.

—¿Pero tú estás bien?

—Han asesinado al padre Ellacuría, al padre Segundo Montes, a Nacho Martín-Baró, a Amando López, a Joaquín López y López, al padre Juan Ramón Moreno…

—¿Pero tú estás bien? —insistió la voz de Roma. Entonces Tojeira me explica que se molestó, porque en esos momentos no se piensa mucho. Es imposible medir el impacto en el otro de lo que se está contando. Tal vez el hombre al otro lado del teléfono pensaba que se había vuelto loco, que lo que él le trataba de explicar era un cuento insano y macabro. Tal vez sólo lo sospechó durante un momento hasta que comprendió que su compañero estaba naturalmente angustiado.

—¿Pero tú estás bien? —repetía.

—Sí, bueno, sí, estoy bien —dijo finalmente Tojeira—, estoy bien… te estoy contando y hablando, estoy bien…

Lo que Tojeira no entendía es que su voz no era la misma, se había vuelto diferente, más alta, entrecortada, deformada por la emoción.

4

El centro pastoral tenía el suelo cubierto de ceniza y las paredes manchadas de sombra estaban repletas de orificios de bala, igual que los archivadores y los escritorios. Habían acabado con el lugar como si se tratase de la oficina de inteligencia de un cuartel enemigo, salvo que aquello era una universidad católica. El olor a pólvora era insoportable. Tojeira salió de allí y volvió al jardín donde se encontraban los cuerpos de sus compañeros. En ese momento, se dio cuenta de que el arzobispo Arturo Rivera y Damas había llegado. Vestía un atuendo negro, llevaba una cruz que parecía de oro colgada a la altura del pecho y caminaba rodeado por un buen número de periodistas que lo aturdían a preguntas. *Los cristianos primero rezamos y luego damos la entrevista*, les decía. Y parecía una respuesta poco seria, pero no tenía más que decir, al menos no en ese momento. Si hubiera podido evitar hacer declaraciones lo habría hecho pero, ante la imposibilidad de evitarlo, al menos podía retrasarlo.

El arzobispo se acercó a Tojeira, le dio el pésame y le pidió que le identificara a cada uno, porque estaban de espaldas y en unas condiciones que nadie que no fuera realmente cercano los habría podido identificar. Tojeira hizo lo que le pedía, con discreción, tratando de evitar que los periodistas notaran lo que hacía, pero estaban tan cerca que no fue posible. Tojeira le explicó que dentro, en el pasillo y en una habitación, había dos cuerpos más. Rivera y Damas pidió silencio y pronunció una oración y los demás respetaron el gesto y callaron mientras rezaba.

Al acabar, Tojeira acompañó al arzobispo hasta las habitaciones donde se encontraban los otros cadáveres. Caminaron sin hablar mientras miraban los cuerpos. *Qué barbaridad, cuánto odio,* dijo Rivera y Damas al ver el cuerpo de Joaquín López y López. El jesuita vestía una camisa que no parecía apropiada para una noche fría de noviembre, de tela enralecida a causa del uso. No tenía el aspecto de un académico, vestía con tal sencillez que era imposible saber a qué se dedicaba. Tal vez aquella imagen fue una especie de revelación para Rivera y Damas. La revelación de descubrir una vida entregada a un propósito, una vida llena de renuncia.

—Tenemos que reunirnos en la Nunciatura —indicó Rivera y Damas—. A las once estaría bien. Voy a ver si consigo una cita con el presidente Cristiani.

—Cuente conmigo. Estaré a esa hora en su oficina.

—Bueno, padre —dijo Rivera y Damas—. No nos podemos quedar de brazos cruzados.

Tojeira asintió. Y aquel hombre que era el arzobispo, que se movía con una lentitud de neblina, caminó dejando atrás la escena pero no a los periodistas, que volvieron a rodearlo.

—¿Arzobispo, quién mató a los padres jesuitas?

—Los mató el mismo odio que mató a monseñor Romero —contestó monseñor Rivera en lo que parecía una respuesta correcta y adecuada e igualmente vacía, pero no lo era. Había dicho lo que realmente había querido decir y para él era toda la verdad.

Poco después, Tojeira también atendió a los periodistas. Había medios de prensa escrita y de radio, y alguno de la televisión, sobre todo extranjera, que estaban en el país cubriendo los últimos acontecimientos de la ofensiva. No dijo mucho, como se suponía, no tenía más que algunos indicios o sospechas de lo que había sucedido. No transcurrió mucho tiempo para que llegaran algunas personas amigas. Incluso algunos vecinos se atrevieron a salir de su anonimato y se acercaron al campus para observar lo que ocurría. Tojeira aún hablaba con los periodistas cuando apareció un hombre llamado Francisco Guerrero, un viejo político muy conocido en esos años. Guerrero parecía sinceramente afectado, pues conocía personalmente a la mayoría de los jesuitas asesinados. Tojeira lo vio llegar por la puerta que da a aquel lugar desde la capilla y caminar con urgencia hasta donde se encontraban. Se detuvo sin saludar frente al cuerpo de Ellacuría. Guerrero lloraba amargamente con sollozos apagados, se secaba las lágrimas con un pañuelo, se tapaba la boca, negaba con movimientos de cabeza. Cuando Tojeira acabó de hablar con uno de los periodistas, Guerrero se acercó a él.

—Estos cabrones lo van a pagar —le dijo Guerrero con una voz que era como un sollozo. Los que han hecho esto lo van a pagar, padre.

—Sí. Lo sé —le intentó tranquilizar Tojeira.

Guerrero puso una mano en el hombro de Tojeira y de alguna manera lo obligó a caminar con él tratando de alejarse de los periodistas. No lo hizo de una manera brusca, y sin embargo, Tojeira se dejó llevar. Guerrero se acercó mucho a él mientras andaban, apoyando su cabeza en el hombro del sacerdote.

—Pero lo van a pagar, padre —repitió Guerrero, en voz muy baja.

—Tienen que pagar. Siempre hay justicia, humana o divina, pero siempre la hay.

—Lo van a pagar —insistió—. Y ¿sabe por qué, padre? Porque yo tengo unas grabaciones. Tengo unas grabaciones en el auto. Grabaciones de militares, yo las tengo. Por eso le digo que lo van a pagar.

—No debería decir esas cosas, no aquí —señaló Tojeira, que no se esperaba semejante confesión. Conocía a Guerrero pero no de manera personal, nunca habían sido amigos.

—No me importa, padre.

—Tranquilícese, Francisco.

—Voy a darle esas grabaciones un día, padre. Voy a dárselas pronto, y verá. Verá cómo se joden esos cabrones. Verá que sí, padre. Van a pagar. Se lo juro.

Tojeira no llegó a escuchar las grabaciones. Doce días más tarde, Guerrero fue asesinado mientras conducía su auto por el centro de San Salvador. Lo ametrallaron mientras esperaba el cambio de un semáforo en rojo. Quiénes mantenían esas conversaciones y qué se decía en ellas, será algo que probablemente nunca llegue a saberse.

5

La mañana siguió siendo tibia dentro de la universidad y empeoró cuando se acercó el mediodía. La escena seguía intacta, a la espera de que las autoridades policiales hicieran su trabajo. Un cuadro en verde y rojo bajo el sol, rodeado de periodistas, de amigos y de curiosos. En algún momento, Tojeira descubrió que había moscas sobre los cuerpos.

—Me enfurecí —confiesa.

—¿Se enfureció?

—Sí, me dio muchísima rabia cuando vi las moscas encima de los cuerpos. Era indignante. Y me dije: «Los han tratado como mierda y ahora esto».

Cuando lo dice, sonríe. Han pasado tantos años que ahora puede sonreír al final de una frase como esa.

Tojeira era provincial de los jesuitas para Centroamérica. No era uno de los sacerdotes más conocidos de la universidad, no como lo eran Ellacuría o Segundo Montes o incluso Martín-Baró, que eran invitados, sobre todo el primero, a entrevistas de televisión, o eran buscados por periodistas de prensa escrita y de radio continuamente porque su opinión era considerada en muchos ámbitos como una que tenía validez. La fuerza de los jesuitas tenía un peso específico muy grande que iba más allá de las aulas universitarias y se extendía en la vida política, religiosa y social del país. Pero Tojeira no era una persona orientada a las universidades, ni al trabajo que desde la UCA se realizaba. Él se había preparado para trabajar a nivel popular, y si bien había estudiado por su cuenta temas de antropología social y le gustaba mezclar evangelio y realidad, lo hacía siempre de la manera más sencilla posible. En aquel tiempo, su preocupación principal eran los seminaristas, a los cuales daba seguimiento. No solía dar entrevistas, tampoco se las solicitaban, y su vida transcurría casi en el anonimato.

Cuando inició la ofensiva, la noche del sábado, Tojeira no pudo ir a su casa pues toda la calle estaba acordonada por los soldados. Por la tarde, había habido una escaramuza entre una unidad del ejército y miembros de la guerrilla, que atravesaban la zona. A esa hora, Tojeira se encontraba en el cine. Cuando llegó había oscurecido y los militares no dejaban pasar a nadie a la colonia de Jardines de Guadalupe, así que tuvo que dar un rodeo para llegar hasta una casa donde vivían unos seminaristas de su Orden con los que pudo pasar la noche.

Tojeira sabía con antelación que algo estaba por acontecer. La misma guerrilla, con quien algunos sacerdotes tenían relación, les había advertido, pero él se lo tomó de una manera relajada. Muchas veces la guerrilla había anunciado una ofensiva que acababa en un ataque a un puesto militar y en poco más, algo que terminaba de inmediato. Por ello, aquel día, Tojeira no encontró motivo para alarmarse ni para alterar su rutina. Se marchó al cine como lo hubiera hecho cualquier sábado.

Su vida casi anónima acabó la mañana de aquel jueves 16 de noviembre del año 89, cuando encontró los cuerpos de sus compañeros asesinados. Muy pronto le quedó claro que era su turno. Como provincial de los jesuitas, tenía que estar al frente y asumir las consecuencias.

—Si los mataron a ellos, que eran importantes, conocidos, con conexiones internacionales —me dice— por qué no van a matarme a mí. Eso lo tuve claro esa mañana. Provincial es un cargo interno, del que casi nadie sabe nada, suponía destinar gente a los trabajos y ver cómo trabajaban, nada más. Pero sabía que debía asumir mi responsabilidad.

—No quedaba otra opción, supongo.

—Ninguna otra.

A las once de la mañana, Tojeira se reunió en la Nunciatura con monseñor Rivera, quien le comunicó que tenían una cita con el presidente de la República, Alfredo Cristiani, una hora más tarde. En la Nunciatura había muchas personas y parecía que era domingo y no jueves. Tojeira y monseñor Rivera se reunieron en una pequeña oficina en la que los acompañaba otro sacerdote, un hombre llamado Gregorio Rosa Chávez. Conversaron sobre lo sucedido y Tojeira les informó del análisis que habían hecho desde un primer momento.

—Fueron veinte minutos de tiroteo —les aseguró—. Veinte como mínimo. Lo sé porque obviamente lo escuchamos. Desde la Torre Democracia había visión del lugar.

—¿Había soldados allí?

—Estaban vigilando porque la guerrilla había atacado la zona de Jardines de Guadalupe el día once. Así que había soldados por todas partes, incluida la Torre Democracia.

La entonces llamada Torre Democracia era un edificio situado junto a la universidad, en el lado este, y tiene setenta y un metros de altura, repartidos en diecinueve pisos. Cuando sucedió la matanza, no estaba en funcionamiento aún, ni siquiera estaba terminada, pero se encontraba en su etapa final de construcción, así que miembros del ejército se apostaron en el lugar. Desde sus pisos superiores y su azotea podía verse el interior de la universidad, precisamente el ala donde se encontraba la casa en la que vivían los jesuitas.

—Y está claro —siguió Tojeira— que esto no pudo haber sucedido si no lo quería el ejército. A doscientos metros de la universidad está la colonia Arce, y todos sabemos que está militarizada porque allí viven muchos militares con sus familias. A cuatrocientos metros queda la Inteligencia Militar. Y a seiscientos metros el Estado Mayor. Había toque de queda desde las seis de la tarde. No se puede cometer un crimen por veinte minutos y decir que el Estado Mayor no sabía nada.

—Parece que hay cosas que están muy claras —dijo monseñor Rosa Chávez.

—Las posibilidades son obvias —continuó Rivera—. Pero ya lo eran antes de saber estas cosas. Todos sabemos quiénes actúan de esta manera.

Hablaron un poco más sobre lo sucedido, discutieron sobre lo que podían o no decir al presidente Cristiani y le preguntaron a Tojeira qué medidas de seguridad tomarían como Compañía de Jesús. Tojeira les explicó que habían comentado la idea de marcharse a una sola casa, a la casa ubicada en la ciudad de Santa Tecla.

—¿Vivirían todos allí?

—Por el momento, sí. Es una casa grande, aunque seremos unos cuarenta, así que vamos a compartir los cuartos. Lo importante es estar todos juntos. Suponemos que no nos pueden matar a todos.

Pasados unos minutos, Tojeira y monseñor Rivera salieron para ir a reunirse con el presidente del país. Las calles del centro de la ciudad estaban vacías, salvo por los soldados que caminaban en filas o se encontraban detenidos y alerta y los miraban pasar en el automóvil de la Nunciatura sin saludarlos. Le pregunto a Tojeira si al ver a aquellos soldados tenía miedo o rabia o si pensaba que alguno de ellos había participado en los hechos de la víspera y me dice que no recuerda, que ni siquiera sabe qué calles tomaron desde la Nunciatura hasta la oficina de Cristiani, que aquel momento de ese día no existe, no sabe si hacía calor o brisa y tampoco recuerda si desayunó algo o a qué hora lo hizo y en compañía de quiénes o si lo saludaron o le dieron el pésame las personas que había en la Nunciatura aquella mañana. Sabe que no les fue difícil entrar en la Casa Presidencial, eso lo recuerda bien. El edificio estaba rodeado de soldados, de pie a lo largo de la acera, entre los arbustos o bajo los árboles. Había un tanque justo en la entrada, junto al portón de metal, flanqueado por militares armados con fusiles M-16. Sabía que la noche que comenzó la ofensiva, la casa había sufrido un atentado, así que aquella vigilancia era normal. Ellos entraron sin problema y aparcaron dentro de la propiedad, bajo un enorme pino, al fondo del estacionamiento. Cuando bajaron, los saludó un militar y les pidió que lo acompañaran. En la entrada de la casa había otros dos militares, que los saludaron como lo harían con un superior, cuadrándose y tocándose la frente con el canto de la mano derecha. A Tojeira le sorprendió que las secretarias estuvieran presentes como si fuera un día laborable, como cualquier otro. Aunque se sentaron en un sillón fuera de la oficina, no los hicieron esperar, una mujer les dio la bienvenida y les dijo que podían pasar, que el presidente los esperaba.

Entraron en la oficina y de inmediato sintieron el frío de un aire acondicionado que parecía estar a su máxima potencia. Tojeira me cuenta que incluso el suelo estaba frío, que podía sentirlo, y que también lo estaba el forro de las sillas en las que se sentaron, frente al escritorio del presidente. Junto a Cristiani se encontraba un militar, el coronel López Varela. Se saludaron con nerviosismo y el presidente y su acompañante les dieron el pésame por lo ocurrido. A Cristiani se le notaba compungido, pero López Varela tenía un aspecto serio, de aparente seguridad, sin querer mostrar ningún indicio de nada, como si estuviera jugando con sus amigos a ese juego de niños donde se sitúan el uno frente al otro y se miran fijamente, el rostro lívido, sin facciones, liso como la pátina de un río congelado durante la noche, y pierde el primero en reírse.

El aire que corría a través de la habitación era como una cuerda que se estira por ambos lados, agarrándose con una fuerza tremenda. Y muy pronto, Tojeira rompió esa cuerda e intervino:

—Señor presidente, debo decirle que los causantes de estos hechos han sido los militares.

—Pero, padre, ¡cómo dice eso! —dijo López Varela—. No haga acusaciones sin fundamento, no es momento para esas cosas.

—El responsable de lo sucedido es el ejército —insistió Tojeira, gritando. Y su expresión era más severa y decidida que la de su interlocutor.

—Que no haga acusaciones sin fundamento, padre.

—Tengo fundamentos.

—Si usted es capaz de decir eso, yo soy capaz de decir que ha sido la guerrilla —señaló López Varela—. Y yo sí tengo pruebas. Hay pintadas dejadas por ellos en la universidad.

—Las pintadas las ha podido hacer cualquiera —le contestó Tojeira—. Nosotros sabemos que han sido los militares. La universidad está a un paso del Estado Mayor, de la colonia donde viven los militares, del edificio de la Inteligencia. Yo mismo he visto desde la ventana de mi cuarto pasar soldados todas estas noches. Estamos rodeados. ¿Cómo explica eso? Ahora resulta que los guerrilleros atravesaron el cordón militar y fueron a asesinarlos. Eso es imposible, señor. ¿Por quién me toma?

—Le repito, padre, que no puede venir aquí a hablar así. ¿Quién se cree que es?

—Yo no me creo nada. Sólo digo la verdad. Y la verdad es que han sido los militares.

Dice Tojeira que aquellos días terribles estuvo fuera de sí. Ir al despacho del presidente y discutir con un coronel del ejército no era algo que hubiera sucedido en condiciones normales. Su reacción fue desmedida, aunque tenía una buena excusa para ello. La escena de sus compañeros no abandonaba su mente. Había recibido un golpe al mentón, y aunque no se había derrumbado, estaba tocado, tendido en las cuerdas, a punto de caer, pero sabía que no podía permitírselo, aunque se encontrara por completo mareado. Por suerte, aquel cruce de palabras no llegó a más. El presidente Cristiani les pidió calma del mismo modo que monseñor. Finalmente Tojeira se tranquilizó y ofreció una disculpa por su intervención tan intempestiva.

—Fueran los militares o fueran los guerrilleros los culpables —afirmó Cristiani—, vamos a investigarlo y vamos a hacer justicia. Les aseguro que vamos a hacer justicia.

Aquellas palabras del presidente le dieron cierta confianza, así que después de la tensión inicial, Tojeira explicó el análisis que habían hecho sobre lo sucedido. Durante su exposición, López Varela no volvió a levantar la voz ni a contradecir al jesuita. Al finalizar, monseñor Rivera dijo que él estaba de acuerdo con lo que Tojeira decía, y el presidente Cristiani enfatizó que se llevaría a cabo una investigación con la mayor brevedad posible.

Al final de la reunión, cuando ya se habían despedido, monseñor Rivera le pidió protección militar al presidente Cristiani. Tojeira se quedó frío y me asegura que pensó: *¿Qué le pasa ahora a este hombre, cómo pide eso después de lo que ha sucedido?*

—Quería pedirle, señor presidente, protección militar para mi persona.

—Sí, sí, faltaría más —le correspondió Cristiani—. Coronel, tome cartas en ese asunto.

—Lo haremos —indicó López Varela.

—Pero sólo de seis de la tarde a seis de la mañana —precisó monseñor—. Lo que dure el toque de queda.

—Sí, sí, dijo el presidente. Como usted lo prefiera.

—Es que usted comprenderá —continuó Rivera—, que si ven a militares en la Nunciatura durante el día, la gente no va a querer ir, y en los tiempos que estamos la gente necesita ir a vernos.

—No hay problema —le aseguró Cristiani.

—Y quiero aclararle que si pido seguridad es sólo por una razón: si me matan, todos van a saber quiénes han sido.

Ni Tojeira, ni tal vez nadie en aquella oficina, podía creer lo que aquel hombre había dicho.

6

Al salir de la reunión con el presidente, Tojeira y monseñor Rivera dieron una conferencia de prensa en la que explicaron su versión de lo ocurrido. Hablaron sobre los doscientos metros que separaban la UCA de la colonia de los militares y los cuatrocientos metros del edificio de Inteligencia y de la Torre Democracia custodiada. También plantearon la que iba a ser su política de acción: verdad, justicia, perdón. Los tres elementos que iban a buscar desde entonces en relación con el asesinato de sus compañeros jesuitas. Por último anunciaron que el presidente Cristiani les había prometido una investigación.

—¿Tienen miedo, padre? ¿Miedo de que esto siga?

—Nosotros ya no tenemos miedo —respondió Tojeira.

—Acaba de inculpar al ejército de la República. ¿Cree que pueda haber represalias?

—No.

—¿Hay testigos, padre?

—No.

—Hay casas alrededor, desde ninguna de ellas se ve lo que pasa dentro, pero sí se escucha, eso es seguro. ¿No cree que puede haber muchos testigos que hayan oído lo que pasó?

—Hasta ahora no hay un solo testigo.

La rueda de prensa acabó poco antes de las cinco de la tarde. Como el toque de queda empezaba a las seis, Tojeira se apresuró a volver a su oficina. Ya a esa hora sabía que no se quedarían en la casa junto a la universidad sino en Santa Tecla, pero antes tendría que pasar por la oficina, de la que se había marchado temprano, justo después de llamar a Roma para contar lo sucedido. A esa hora las calles ya eran una larga línea de silencio. La desolación era apenas interrumpida por grupos de soldados que se escabullían por las aceras secundarias o entraban a los edificios. En algún momento, Tojeira se cruzó con un grupo de tanques que se dirigía en dirección contraria. Avanzaban con lentitud como una manada de elefantes muy viejos.

—¿Hubo algún tipo de interacción? —le pregunto.

—¿Con la gente de los tanques?

—Sí.

—Pasé a la par de ellos y se me quedaron mirando, pero no hicieron nada, ni siquiera me detuvieron. A veces los miraba con el rabillo del ojo. Pero si quieres que te diga la verdad, ya estaba tranquilo. Es decir, asumía la situación.

Le pregunto cuál era esa situación y Tojeira me contesta lo que había dicho ya antes:

—Pensaba que si los habían matado a ellos, que eran importantes, conocidos por muchísima gente, con conexiones internacionales, cómo no iban a matarme a mí. ¿Quién era yo?

—El provincial.

—Sí, pero eso no es importante. Ese es un cargo interno…

—¿Usted estaba seguro de que iban a matarlo?

—Sí. En aquellas horas así lo creía. Creía que me iban a matar. Había dado la cara porque tenía que darla, porque era mi obligación, y eso, según entendía, era como una condena, pero lo asumía y estaba bien.

Tojeira transitó por las calles de San Salvador a esa hora del final de la tarde. La ciudad entera era como un contenedor a punto de reventar, un contenedor cuyas soldaduras ceden por la presión del agua mientras el grifo que lo llena no se cierra. Él seguía su camino sin pensar, únicamente sintiendo, percibiéndolo todo alrededor, como siendo parte de lo que sucede, o el centro de lo que sucede, ya no sólo en esa ciudad, en San Salvador de noviembre de 1989, sino en el mundo de 1989, en un instante terrible y profundo cuyo inicio no tenía un verdadero final. La plenitud se había apoderado de él aunque no era consciente de ello. Había aceptado su destino. La trascendencia de ese destino. Como años antes lo había aceptado

Ellacuría cuando decidió quedarse en un país en el que había recibido amenazas, y en el que la institución de la cual era rector, la UCA, había sufrido cuatro atentados. Porque todo ocurrió por Ellacuría, me asegura Tojeira. Lo buscaban a él, no a los otros. Ellacuría es el principio y el final de esta historia. Los otros sólo estaban en un lugar en el que no había que dejar testigos.

Tojeira entró en su oficina sin saber muy bien por qué. No tenía mucho tiempo. La hora avanzaba, faltaban veinte minutos para las seis y aún tenía que conducir hasta la casa de Santa Tecla, donde debía reunirse con sus compañeros para pasar la noche. Sabía que él se había quedado atrás, que a esa hora todos estarían ya congregados y la puerta estaría cerrada, no con llave, porque lo estarían esperando, pero sí cerrada. Tal vez estarían preocupados por él, quizá estarían rezando una oración para que llegara sin ningún percance. ¿Qué tenía que estar haciendo en esa oficina? ¿No había sido una imprudencia? ¿No podían estar esperándolo? Se había convertido en un blanco fácil. Aun así entró en la oficina y escuchó de inmediato el sonido del telefax. Se acercó y se dio cuenta de que aquel aparato había estado funcionando durante todo el día.

—¿Sabes lo que es un telefax? —me pregunta.

—Realmente, no.

—Era como un aparato para enviar telegramas. Yo los escribía a máquina sobre una cinta y sólo lo punteabas y metías la cinta punteada en el telefax, lo enviabas y en el destino que indicabas salía impreso el mensaje.

—Comprendo.

—Vi aquella máquina que no paraba de trabajar. Seguro que había pasado todo el día así porque se acumulaban muchísimos mensajes, una cantidad tremenda de mensajes de solidaridad. Llegaban de Francia, de Italia, de España. Me escribían desde ministros hasta alumnos de instituto. También desde las parroquias, hasta había uno de Japón o niños de un colegio de Uruguay, universidades de Europa, de Asia, de África. Había mensajes de México, de Estados Unidos, de Inglaterra, de Argentina, parecía que el mundo entero estaba escribiéndonos, el mundo entero estaba con nosotros. En aquel momento pensé: *No me pueden matar.* Cuando salí de allí estaba convencido de que no podían tocarme.

—¿Y lo creyó de verdad, en ese instante?

—Sí. Y no era que no tuviera miedo, era que el miedo no importaba.

Llegó a la casa de Santa Tecla minutos antes de las seis y cuando entró ya no esperaban a nadie más, así que cerraron la puerta con doble llave y se quedaron solos. Cuarenta hombres en una casa iluminada con velas o lámparas de gas, ya que el servicio eléctrico había sido cortado desde la tarde y no se había restablecido. Antes de cenar, Tojeira llamó a sus compañeros para celebrar una misa. Salió al patio. Era amplio y había macetas con plantas apiladas alrededor. Escuchó el levísimo sonido de una radio que sonaba en alguna parte, pero nada más. Sin saber la razón, no se oían disparos ni las detonaciones de las bombas que dejaban caer los aviones del ejército ni la batería antiaérea de la guerrilla. Nada de lo que se había percibido los últimos días. Todo pareció en calma. Se trataba de un silencio que no era habitual. Tenía densidad. Tensión. Todo aquello que nace con el miedo. Aquella noche, la sexta desde el inicio de la ofensiva, el silencio era más grande porque el miedo lo era mucho más.

Tojeira se reunió con sus compañeros y dio inicio a la misa. Me asegura que no recuerda cuál fue el evangelio de esa noche, pero que recuerda el salmo porque era perfecto para aquel momento.

—Las naciones han contemplado la victoria de nuestro Dios —dijo Tojeira. Aquel era el salmo. Y lo leyó una vez más.

Encontró propicio informar a todos de los mensajes que había recibido en su oficina. Les dijo que eran cientos, quizá miles, de personas de todo el mundo hablando de los mártires. Les contó que había una reacción internacional tremenda, que no lo encontrarían en los periódicos del país porque estaban controlados, pero que existía, que fuera todos hablaban del asesinato de los jesuitas, y que al Gobierno se le hundiría la guerra y la perderían si les hacían daño. Lo dijo de esa forma tan cruda porque no tenía otra manera de decirlo. Al final añadió:

—Estas personas que nos han escrito de tantos países ven una victoria en la muerte de nuestros hermanos. Y el salmo nos habla a nosotros, congregados aquí, nos lo dice a la cara: «Las naciones han contemplado la victoria de nuestro Dios».

Tojeira quería animar a su congregación, tratar de que no tuvieran miedo, convencerlos de que lo ocurrido era también una oportunidad. Por eso dijo todo aquello, pero también porque lo creía firmemente.

Esa noche, después de la misa, se reunieron para cenar y mientras comían Tojeira les contó a algunos compañeros lo sucedido durante la reunión con el presidente. Les habló del militar con quien había discutido a gritos y de la petición final del arzobispo, lo que causó un genuino asombro. Poco después, estuvieron de acuerdo en irse a dormir y se dijeron que debían conservar la fe y la calma y que nada sucedería, que había que rezar mucho e intentar conciliar el sueño. Parecían convencidos, pero ese convencimiento duró poco porque cada ruido, por mínimo que fuera, los despertaba y los hacía pensar que habían ido a acabar la faena. Una rata que empujara una lata de metal en el tejado, el sonido del viento de la madrugada en los viejos aleros de la casa, una puerta que se abriera o se cerrara, la llave del baño, el sonido apagado de las voces de algunos que conversaran en el patio, cualquier mínimo ruido los hacía contener la respiración, sentarse sobre la cama, levantarse, asomarse por la puerta abierta con sigilo. Muchos tuvieron que tomar pastillas para el sueño o Valium, que entonces podía comprarse en las farmacias como si se comprara una aspirina. Algunos se encontraron en la cocina a las dos o las tres de la madrugada y prepararon café o una infusión y hablaron en voz muy baja sobre lo que ocurría.

Alguien se dedicó a rezar y caminó alrededor del patio por horas mientras meditaba y otro alternaba su meditación con el rezo del padrenuestro o el avemaría y estaba alerta sobre los ruidos del tejado o la calle. A las tres de la madrugada casi todos ellos deambulaban por la casa como sombras en un teatro en penumbra en el que se escenifica una tragedia en la cual los personajes nunca pronuncian una frase si no es a través del susurro.

Llegó el automóvil. No eran aún las cuatro cuando escucharon que se detenía junto a la casa. Tojeira, que llevaba un rato despierto, lo sintió con claridad y se espabiló de inmediato y se sentó en el borde de la cama. El vehículo se había detenido justo frente a su ventana, que estaba cerrada. Antes, había oído murmullos fuera, no en la calle sino en el patio, en los pasillos, y supo que todos en la casa habían escuchado el motor porque esos murmullos se habían apagado. Tojeira se acercó a la ventana y nada se oía. Se abrió una puerta y se cerró casi de inmediato. Escuchó voces de hombre. Seguramente las de los ocupantes del automóvil. *Allí es donde viven esos curas cabrones,* afirmó uno. Tojeira distinguió lo que había dicho con total claridad. La casa de Santa Tecla era amplia, con grandes corredores rodeando un patio central. Una casa construida a principios del siglo XX. Pilares altos por donde era imposible subir al tejado. Y una sola puerta de salida. No tenía ni desvanes ni sótanos. Si entraban, no había nada que hacer. Los hombres caminaron hacia el norte, en dirección a la puerta de la casa. Tojeira salió de su habitación y se dirigió a la entrada. Afuera todo estaba detenido. Las sombras que eran sus compañeros estaban en silencio, paralizadas como si formaran parte de un escenario fantástico movido por un mecanismo al que se le hubiera acabado la cuerda. Una fotografía en blanco y negro de un instante grave y sombrío, antes de una tragedia. Tojeira se dirigió a la puerta y esperó. Esperó por unos segundos interminables a que alguien llamara o gritara pidiendo que salieran. Escuchó un grito pero no entendió lo que decía. Pensó que los estarían llamando. Pronto siguió un grito de respuesta. Risas. Estaban riendo. Era la madrugada del día 17, poco antes de las cuatro de la madrugada. Una madrugada fría de noviembre, ventosa, sin luna, con los faroles de energía eléctrica apagada, oscura como el interior de un ataúd cuando se cierra. Aquellos hombres reían, afuera. Tojeira oyó de pronto una frase que comprendió: *Qué pasó hijoputa, todo acabado te ves.* Aún tardó mucho tiempo en entender que aquellos hombres no habían ido a buscarlos. Eran soldados, o miembros de la Guardia Nacional, y no sabía qué hacían a esa hora en esa calle, pero no los buscaban a ellos. No esa noche. Un rato más tarde, se escucharon frases de despedida, un motor que arrancaba, el sonido de puertas al cerrarse y el del auto que avanzaba y se alejaba hasta extinguirse. Alguno se sentó en el suelo y lloró con amargura. Otros, simplemente siguieron como si no hubiera sucedido nada, como si el mecanismo hubiera vuelto a empezar. A las cinco, la comunidad se reunió para rezar y para preparar el desayuno. Así pasó la primera noche. Con la luz de la mañana, después de comer, había en todos cansancio, pero también calma, pues con la llegada de la claridad todo parecía menos terrible.

8

El día después de los asesinatos la actividad fue, si acaso, más frenética. Temprano, recibieron la noticia de que la Embajada española no iba a acoger a la única testigo del asesinato. Los jesuitas le habían pedido que protegiera la seguridad de Lucía Cerna, su marido y su hija, pero la embajada se había negado. Eso resultó un golpe muy fuerte, toda una decepción. Lucía y su familia permanecían escondidos en la misma casa en la que se habían quedado la semana entera, la misma desde donde ella había visto salir a los soldados. Se barajaron varias opciones y se decidió que, de no haber otra posibilidad, se podía buscar asilo en la Embajada de los Estados Unidos. Aquella fue la primera decisión de una mañana agitada.

La segunda fue enterrar a los padres en nichos que se construirían en la capilla de la universidad. Tojeira había tenido la idea de enterrarlos como se hacía en el área rural de su tierra, Galicia, donde era costumbre sepultar a los sacerdotes delante de la puerta de la iglesia de tal forma que literalmente se tenía que pasar por encima de las lápidas para entrar. Expuso su idea y todos estuvieron de acuerdo con que se debía enterrar a los padres en la capilla, pero también se dijo que sería muy complicado cavar seis tumbas, pues no habría suficientes obreros disponibles en esos días, en medio de una ofensiva militar. Ante esa situación, lo mejor era enterrarlos en nichos, ya que se podía romper la pared que daba a una habitación lateral junto a la capilla. Fue la segunda decisión de entonces, la de la preparación de los nichos.

La tercera, poco más tarde, fue ir a reunirse con la familia de Elba y Celina. Tojeira quería explicarles que su intención era enterrar a estas mujeres junto a los padres. Así lo hizo pero los familiares se negaron. La excusa que le dieron fue que, cuando la madre de Elba agonizaba, le pidió a su hija que quería que la enterraran junto a ella. Quería que estuvieran juntas y todos los hermanos de Elba coincidieron en que esta mujer era la hija preferida de su madre y que tenían la intención de cumplir ese deseo. Tojeira no tenía manera de saber si aquella historia era cierta o si sólo querían dejar todo atrás, si los parientes de estas mujeres tenían miedo. Los dejó hacer porque tampoco podía evitarlo, y aceptó que enterraran a la madre como quisieran.

La cuarta decisión fue que el velatorio de los cuerpos se llevaría a cabo en la capilla de la universidad y que todo acabaría a las cinco treinta de la tarde, media hora antes del inicio del toque de queda. Si bien por la mañana el movimiento fue poco, después del mediodía hubo mucha más gente que entraba y salía de la capilla de la universidad. Muchos eran estudiantes, o amigos, o vecinos, gente cercana a Ellacuría o a Segundo Montes o a los otros sacerdotes. Hubo escenas terribles de desconsuelo, de llanto incontenible. También hubo algo más, cierta tensión inevitable. Una constante sensación de que en cualquier momento algo podía pasar. Pero a pesar de ello, la gente no paró de llegar ni se marchaba. Tojeira recuerda que era algo conmovedor recibir a personas que aun en aquel contexto, en medio de los enfrentamientos, venían de las afueras de San Salvador, algunas de ellas andando por treinta y seis kilómetros, por cuarenta kilómetros, veinte de ida y veinte de regreso, en medio de las balas o de los bombardeos de la fuerza aérea y bajo la mirada de los soldados que los veían andar por las calles desoladas. Eran buenas personas que procedían de comunidades muy pobres, de esas con las que habían trabajado Martín-Baró o Amando López, a quienes les parecía que debían esa solidaridad y esa valentía porque se habían ocupado de ellos.

En algún momento, una de estas buenas personas dijo que temía que por la noche los asesinos volvieran y robaran los cuerpos de los jesuitas, o los quemaran junto con la capilla. Aquel rumor se extendió por todos los presentes y la preocupación volvió a desbordarlos. A Tojeira aquello le pareció irracional, pero era cierto que todo en aquella situación lo era.

—¿Y si vienen en la noche y roban los cuerpos, padre?

—Ojalá los roben —les respondía Tojeira, sin dudarlo—. Ojalá, así se les armaba más lío. Más problemas y más presión van a tener esos desgraciados.

Y la gente, al escucharlo, encontraba algún tipo de consuelo, aunque nadie estaba seguro de nada. Algunas personas querían quedarse por la noche, pero Tojeira y los otros jesuitas se negaron, eso hubiera sido un acto demasiado irresponsable y arriesgado. Una vez más debían confiar en que nada sucedería. Llegada la hora cerraron las puertas de la capilla y se marcharon. Al día siguiente comprobarían que había sido lo mejor, pues nada había sucedido.

Poco antes de que se fueran, en una reunión se había tomado la última decisión de aquel día. Tuvo que ver con el sepelio. Lo que se dijo fue que no se querían armas el domingo durante la misa, no querían gente armada en la universidad. Lo decidieron así porque había un temor latente de que algo pudiera ocurrir. Si el velatorio ya tenía una cuota de tensión muy grande, la ceremonia del entierro sería sin duda mucho peor. No sabían ni siquiera quién podía asistir, temían incluso que algunos enviados de la guerrilla pudieran presentarse y se prestara aquel escenario para una desgracia mayor. Así que se tomó esa decisión y se pidió firmeza para hacer cumplir la misma. Querían asegurar un ambiente de paz absoluta. Y fue en la tarde del sábado cuando esa firmeza empezó a mostrarse, cuando Tojeira recibió la visita de unos enviados del presidente Cristiani.

En mitad del día de los preparativos, aparecieron en la oficina de Tojeira dos personajes, un hombre de apellido Pacas y otro apellidado Valdivieso, quienes eran el ministro y viceministro de Asuntos Exteriores. Lo saludaron amablemente, le dieron el pésame y le comunicaron que estaban allí porque el presidente los había enviado, pues tenía la intención de asistir al sepelio acompañado de su esposa.

—Queremos que usted le reserve un lugar al señor presidente —dijo Pacas, el ministro—, y queremos comprobar el lugar, para saber dónde se va a colocar.

—Bueno —les respondió Tojeira—, pues hay reservadas dos primeras filas en el auditorio, que es donde se va a hacer la misa, dos filas para el cuerpo diplomático. Que se coloque allí. Pero, eso sí, no se permiten armas. No queremos a nadie armado.

—Pero está hablando del presidente del país. ¿Qué pretende?

—No quiero ofenderle, pero sinceramente, no importa que sea el presidente de la República o el papa, hemos tomado esa decisión y no vamos a echarnos atrás.

—¿Qué significa eso de que no le importa? —se alarmó Valdivieso—. Mire, padre, yo tampoco quiero ofenderlo a usted, pero le recuerdo que usted es un extranjero, y le recuerdo también que aquí, en este país, no puede venir a mandar y menos al señor presidente. Lo que quiero decirle es que estamos en medio de lo que estamos, no me va a venir a ordenar que el presidente no traiga a su escolta.

—Señor Pacas —continuó Tojeira—, ustedes pueden hacer lo que les dé la gana, está claro que yo no lo puedo evitar, pero sí puedo advertirles una cosa: les juro que si veo armas en el auditorio digo públicamente que la misa no empieza ni enterramos a los jesuitas hasta que salga esa gente armada. Los medios los van a filmar y van a ver el espectáculo que montamos. Así que decidan ustedes.

—¿Usted no quiere que venga el presidente? —preguntó Valdivieso—. Porque con esa actitud no podemos pensar otra cosa.

—Yo no he dicho eso. No imagine usted pensamientos que yo no tengo en mi cabeza. Si quiere venir que venga, pero las condiciones son las que les he dicho.

—Usted no puede poner condiciones, padre. ¿Pero quién se cree que es?

—Yo no me creo nada, pero veremos si sí o si no puedo ponerlas, sólo les digo que esperen el momento.

Tojeira comenta que todas las imágenes de esa época son más veloces que las de cualquier otra, como si la película de esos días tuviera que correr en su mente siempre más rápido, quizá por el vértigo provocado por la adrenalina.

—¿Entonces qué solución ofrece usted? —preguntó el ministro.

—Si quiere que esté completamente seguro, que él y su señora esposa estén arriba, en el estrado, donde sólo vamos a estar los curas. Así, si alguien quiere matar al presidente va a tener que matar a unos cuantos curas primero. ¿Le parece bien eso?

—Vamos a hablar con él —aseguró el ministro.

Se despidieron y se marcharon. Tojeira me cuenta, veinticinco años más tarde, que esos días se dijeron las cosas como nunca antes o después. Esos pocos días la diplomacia no existió; el enojo, el dolor, la resignación, todo eso los hizo desprenderse de los atavíos. Y aunque piensa que aquella brusquedad era un tanto extrema, aún está convencido de que esa era la manera que correspondía al momento, y que había dicho justo lo que debía decir.

9

—¿Y qué sucedió, durante la misa y el sepelio? —pregunto.

—Sucedió que el presidente y su mujer llegaron y se sentaron con nosotros.

—¿Y qué aspecto tenía el presidente?

—Serio. Muy serio.

—¿Hablaba con alguien?

—Sólo con su mujer.

—¿No cruzó palabras con usted?

—Me dio el pésame. Algo muy breve y muy formal. Con quien hablé más fue con el subsecretario de Asuntos Exteriores español, una conversación que cambió un poco el asunto de los testigos.

—¿Por qué?

—Porque entonces supe las razones de por qué no habían aceptado albergar en la embajada a la única testigo del caso.

El subsecretario de Asuntos Exteriores de España, Inocencio Arias, llegó a San Salvador el mismo día del entierro, pero lo hizo temprano, así que se presentó en las instalaciones de la universidad un rato antes de la ceremonia. Llegó acompañado del embajador, un hombre llamado Francisco Cádiz. Tojeira se encontraba fuera del auditorio con otros jesuitas cuando Arias se acercó y lo saludó, le dio el pésame, y le dijo:

—Padre Tojeira, en la Embajada española usted manda. —Esa frase amable, quizá genuina, no fue tomada de buena manera por uno de los jesuitas que se encontraba con Tojeira en aquel momento.

—No diga mentiras, señor subsecretario —dijo un sacerdote llamado Rogelio Pedraz. El señor Arias miró a Tojeira buscando una respuesta.

—Bueno —intervino Tojeira—, si le dices eso al subsecretario, dile por qué se lo dices.

—Porque este señor —contestó Pedraz, señalando con el dedo al embajador—, le dijo a mi provincial que no admitía a una testigo en la Embajada española porque era salvadoreña. Así que no diga usted que el padre Tojeira manda allí.

—¿Es cierto eso? —preguntó el subsecretario al señor Cádiz.

—Son las instrucciones que recibí de Madrid —respondió Cádiz—, de recibir españoles pero no salvadoreños.

—Pues admita a la testigo —le pidió el subsecretario.

Esa conversación se produjo poco antes de la misa, que comenzó sin contratiempos, con el presidente y su mujer en el estrado, sentados en medio del grupo de sacerdotes.

Aquel día el auditorio se vio sobrepasado por la cantidad de gente que asistió a la misa. Un acto de una pluralidad genuina con políticos, embajadores, miembros de la Iglesia evangélica y luterana, empresarios, personas de las comunidades del interior del país… Todo ello en una tarde bajo las balas en el octavo día de la ofensiva militar guerrillera, en una ciudad sitiada por los ejércitos de ambos bandos. Muchas personas no consiguieron entrar y tuvieron que ver o escuchar el acto desde fuera, inclinadas en las paredes laterales o al fondo.

Hubo tres homilías, todas ellas muy breves: una del nuncio, otra del arzobispo Rivera y otra del propio Tojeira. Hasta entonces, Tojeira no había derramado una lágrima por sus compañeros. La tensión a la que había estado sometido lo alejó de los sentimentalismos. Pero tuvo que contener las lágrimas en un momento impensado en la homilía. Su intervención duró ocho minutos, quizá un poco más, y casi al final de ella dijo:

—Mientras los criminales asesinaban a los jesuitas, los jóvenes que estaban en la zona de la Chacra recogían cadáveres de ambos bandos para que fueran enterrados con dignidad y no quedaran tirados en la calle, de manera que, aunque hayan matado a estos, no han matado a la Compañía de Jesús, no han matado a la UCA, no la han matado…

Lo dijo con vehemencia, creyendo en sus propias palabras. No pretendía provocar una reacción, en su discurso la frase final

No la han matado, no la tenía escrita, la había pronunciado porque le nació en el momento. Aquella frase, que era un énfasis, hizo que todo el auditorio se pusiera de pie y aplaudiera. Tojeira se quedó impactado por el acto espontáneo que él interpretó como un gesto de solidaridad absoluta. Sintió que le llegaban las lágrimas pero logró refrenarlas y volver a su discurso, que leyó como mejor pudo.

— ¿Y qué ocurre después, padre? —le pregunto.

Tojeira me cuenta que unos minutos antes del final apareció Rubén Zamora, un miembro de la fuerza política de la guerrilla. La presencia de este hombre fue recibida con aplausos generalizados. No se suponía que debiera estar en el auditorio, ni siquiera se suponía que debiera estar en el país. Era un exiliado político, un perseguido, y que se contara entre los asistentes fue un acto de valentía y de locura al mismo tiempo. Al entrar, bajó todo el auditorio hasta la parte del escenario, donde se encontraban los cuerpos de los sacerdotes, y se abrazó al ataúd del padre Ellacuría, arropado por un aplauso emocionado.

—¿Y el presidente, padre?

—Cristiani acababa de marcharse. No se vieron. Supongo que lo tenía todo controlado, que entró cuando era conveniente, y se quedó hasta el final, ayudó a cargar el ataúd de Ellacuría hasta la capilla y después, sin que nos diéramos cuenta, desapareció.

Dentro de la capilla, a la izquierda de un altar adornado con escenas poco ortodoxas cuyas figuras recuerdan a campesinos vestidos con ropas coloridas, se encuentran los seis nichos, flanqueados por cirios, adornados siempre por jarrones con rosas o plantas de flores blancas, situados en el suelo. El mismo día del entierro ya colocaron los ataúdes en los nichos y los cerraron de inmediato, mientras el arzobispo decía unas palabras e invitaba a una oración final. El suelo bajo ellos estaba cubierto de sobras de cemento y flores blancas.

—Después de que el arzobispo rezara y se sellaran los nichos ya acabamos y nos fuimos despidiendo de la gente.

—¿Y nada pasó?

—Nada.

—¿Nada al menos ese día?

—Sí, al menos ese día. Lo que viene después es una lucha muy grande.

—¿Una lucha contra quién?

—Contra la oscuridad. Contra lo que se esconde en la sombra. Contra lo maligno.

Segunda parte

1

Había una función a las seis treinta, por lo que debieron haber salido del cine unos veinte minutos antes de esa hora. El autobús paraba justo enfrente, así que se acercaron a la acera para esperar y mientras lo hacían comentaron la película que acababan de ver. También hablaron sobre la noticia de un barco encallado que el periódico había publicado esa mañana. Se lamentaban de que no incluyera una foto, de que sólo hubiera una pequeña nota sobre el acontecimiento.

—Pero es que acaba de suceder, seguro que mañana pondrán algo más completo.

—Pues ya no importa, porque mañana las fotos las vamos a sacar nosotros. Lástima que no nos dimos cuenta temprano, hubieras convencido a tu padre de ir hoy mismo.

—Da igual, no hubiera podido, iba a trabajar todo el día.

Tenían dieciséis años. Por la tarde, al buscar la cartelera del cine, se habían encontrado con la noticia de que un *barco fantasma* había encallado cerca del puerto de Acajutla, en el occidente del país. Daba cuenta del suceso como algo extraordinario, pues la embarcación carecía de tripulantes y tenía un aspecto antiguo, al menos según el cronista, que aseguraba que podía tratarse de un barco de la Segunda Guerra Mundial, quizá ocupado originalmente por espías. Al final del texto, prometían que al día siguiente completarían la información. Salir en busca de un barco fantasma no era algo que pudieran perderse. Lo tenían claro y de eso conversaban cuando se escucharon los primeros disparos. Venían del sur y ellos se dirigían hacia el sur. *¿Qué será?*, preguntó el uno al otro. Y el otro le restó importancia, le dijo que ya pasaría. Estaban acostumbrados a escuchar disparos esporádicos, pequeñas escaramuzas que se disipaban después de un tiempo casi siempre breve. Minutos más tarde, llegó el autobús, subieron y siguieron hablando del barco encallado, explorando diferentes posibilidades sobre lo que podía haber en su interior. Se preguntaban si hallarían un mapa, una carta, cuerpos de viejos marinos alemanes. El periodista había dejado claro que aún no había entrado nadie en la embarcación. Estaban esperando a que las autoridades la revisaran porque podía ser peligroso. Pero los chicos no pensaban que en verdad pudiera serlo, creían que decían eso para alejar a los ladrones.

Debían de ser diez o veinte para las siete cuando llegaron a la colonia Santa Clara, el lugar donde vivían. Ninguno pensó en las detonaciones de bala ni tuvo miedo de lo que estaba aconteciendo. Alguien en el autobús había dicho que fuera lo que fuera que estaba sucediendo, ocurría por la zona de San Marcos, que está situada al otro lado del San Jacinto, así que, entre el sitio donde vivían y la zona de conflicto había un cerro que los separaba y no había por qué alertarse. Ya pasaría. O eso pensaban.

Mario, a quien su padre le había dicho que lo llevaría al día siguiente, le dijo a Miguel que le avisaría en la mañana la hora en que saldrían a Acajutla.

—Mañana confirmamos, pero mejor que estés listo a las ocho.

—A las siete y media ya voy a estar —respondió Miguel.

Eran vecinos. Vivían justo enfrente el uno del otro y se conocían desde niños.

Cuando quedaban para salir, no se llamaban por teléfono, lo hacían a través de silbidos, lo cual no era un lenguaje exclusivo de ellos sino de todos los chicos que vivían en el lugar, ese pasaje de treinta casas, quince a cada lado, que colindaba con el cerro.

En la televisión había un programa de variedades y Miguel cenó mientras miraba la actuación de un mago. Vivía con su madre y su abuela paterna. A veces se quedaba en casa la hermana de su madre, cuyo marido se había marchado meses atrás a los Estados Unidos, como el padre de Miguel, que se llamaba igual que su hijo, pero que se encontraba en aquel país hacía ya diez años, desde el inicio de la guerra, en el 79. La madre de Miguel se llamaba Edith y la hermana, Margarita. Margarita no tenía hijos. Trabajaba en un colegio dando clases de educación media y el último año había sido el peor de su vida: temía que su marido no cumpliera la promesa de llevarla con él cuando estuviera establecido. La falta de hijos la hacía sentirse desprotegida, sin un lazo real que los uniera, o al menos eso le había dicho a su hermana. Edith, lejos de consolarla, le aseguraba que eso de los hijos no importaba, que ella tenía a Miguel y que poco le había importado al que había sido su marido, que de todas formas la había dejado por una *puta* dominicana cuando no llevaba ni un año lejos. No quería que sufriera como ella, le decía que con los hombres era mejor no guardar ni una sola esperanza.

A pesar de estar separados, Edith aún vivía con quien había sido su suegra. Los tres hermanos de Miguel, el padre, habían muerto en el año 78, todos ellos en una noche terrible mientras celebraban una fiesta con compañeros de la universidad. Los habían masacrado y nadie sabía bien por qué, pero las fuerzas del ejército, en su versión oficial, dijeron que habían sido atacados con armas de fuego de grueso calibre desde el lugar donde se celebraba la fiesta y respondieron como mejor pudieron. No podía saberse la verdad de los acontecimientos, pero tampoco ya importaba, como solía decir la suegra de Edith, la señora Eunice, convencida de que la única verdad era que sus tres hijos estaban muertos.

Cuando Miguel llamó para comunicarle a Edith que quería separarse, la señora Eunice se opuso a que su nuera se marchara. Le pidió que se quedara, le dijo que no podía dejarla sin su nieto, que no tenía a nadie, que recordara cómo había perdido a sus tres hijos mayores, y antes que ellos, dos años antes, al desgraciado de su marido por una cirrosis hepática, y que recordara que la gente que se va del país no regresa, que seguro que no volvería a ver a su hijo Miguel, que estaba sola y que podían seguir compartiendo la casa, que para qué iba a irse lejos y pagar por algo que ya tenía. Y la nuera, que no tenía adónde marcharse, le dijo que se quedaría por un tiempo. Habían pasado casi diez años desde entonces.

Después del programa de televisión, Miguel fue a su cuarto y revisó algunas revistas sobre fenómenos paranormales. Se entretuvo leyendo un artículo sobre un edificio en el centro de Madrid desbordado por los fantasmas. Le impresionaron dos fotografías mal enfocadas donde se mostraba una niña. Mientras leía, no podía evitar escuchar las detonaciones lejanas, a las cuales aún no daba importancia. Cuando, llegadas las diez, apagó la luz y se acostó, se dio cuenta de que nada de lo que sucedía era normal. La guerra no se desarrollaba en la ciudad sino en el interior del país. Cuando había algún enfrentamiento en San Salvador, era esporádico y duraba siempre unos minutos. A veces había detonaciones de bombas o atentados, o secuestros, o asesinatos en los que algún auto huía apresuradamente, pero aquel tiroteo llevaba ya varias horas. Se levantó de la cama y caminó hasta el comedor. La puerta que daba hacia el patio estaba abierta y las luces encendidas. Salió y encontró a su madre y su abuela que hablaban en voz baja. Se acercó a ellas.

—Todavía no ha parado.

—Dijeron en la radio que es algo serio —respondió su madre.

—Pero es en San Marcos, ¿no?

—Y en Santa Marta también. Al parecer algo sucede. Estaban pidiendo que no salgamos de las casas.

—Ojalá no sea tan serio.

—Pues parece que sí —intervino la señora Eunice.

—Mejor hay que entrarse —advirtió Edith—. Puede ser peligroso si hay una bala perdida.

—Que Miguel no duerma en el cuarto que da a la calle —ordenó la señora Eunice—. Te voy a ayudar a que pongas el colchón en mi habitación. Y mañana llame a su hermana, Edith, llámela temprano. No sé por qué insiste en quedarse sola en esa casa suya, como si al marido le importara.

—Voy a llamarla en la mañana, sí.

Era el día sábado 11 de noviembre de 1989. La mayor ofensiva de la guerra civil salvadoreña había comenzado.

2

Edith acostumbraba a ir a por pan fresco cada mañana. Si era domingo salía después de las ocho, como hizo aquel día. Cuando desperó eran poco más de las siete y aún se escuchaban algunos disparos, pero nada comparado con la intensidad de la víspera. Preparó café y bebió una taza. Mientras lo hacía llamó a su hermana pero esta no respondió. Pronto se dio cuenta de que todo parecía haber cesado, así que aprovechó para salir. Al hacerlo, se dirigió hacia arriba, hacia la calle que al final del pasaje donde vivía se perdía en el cerro. Acercándose, vio una columna de lo que en principio creyó que eran soldados, por las armas de grueso calibre que cargaban. Comprendió que eran miembros de la guerrilla, porque no iban uniformados. Jamás había visto una columna guerrillera y nunca había creído que aquello fuera posible en la capital. Se dio perfecta cuenta de que debía apurar el paso. Caminó hacia la panadería mientras hacía cuentas mentales de las provisiones que quedaban en casa, que no eran muchas. No había ido al mercado en los últimos tres o cuatro días. Lo haría esa mañana, según había pensado, pero no parecía que fuera a poder hacerlo. De hecho, no creía que el mercado estuviera abierto. En lugar de ir a la panadería fue a un pequeño almacén para comprar algunas cosas: huevos, un par de litros de leche, café. No quedaba muy lejos, apenas al comienzo de la misma calle.

La colonia Santa Clara era un barrio distribuido en pasajes de treinta o veintiocho casas cada uno. La atravesaba una calle amplia en la que confluían todos los pasajes, que están inclinados, puesto que la colonia fue construida en las estribaciones del cerro San Jacinto. De hecho, el tercero de ellos no es un pasaje sino una avenida, mediante la cual se puede subir al cerro a través, primero, por una calle pavimentada, y luego, por una estrecha callejuela de polvo que va enroscándose a medida que sube y acaba en una finca de café. Esta avenida se llama Flor de Loto y la calle pavimentada acaba poco después de las construcciones de la colonia. Miguel, su madre y su abuela vivían en el número veinte, al lado izquierdo, pues las casas con numeración par se encontraban de ese lado y las de impar al otro. Mario vivía en la veintiuno, justo enfrente. La panadería era la número dos, en la esquina colindante con la calle principal; el almacén era la número seis. Cuando Edith llegó, algunas pocas personas estaban haciendo sus compras y todos parecían tener demasiada prisa. Ella pidió lo poco que podía comprar, porque no tenía mucho dinero, pero la mujer que atendía tardaba muchísimo.

—Esta mujer no entiende que una tiene prisa —le dijo una vecina que también esperaba.

—No sé por qué no puede atender alguien más —se quejó Edith.

La vecina, una mujer de unos sesenta años, vivía al lado del almacén. Se llamaba Sara y no hacía mucho que había llegado a esa casa. Vivía sola. Edith había hablado algunas veces con ella, muy pocas, tres o cuatro quizá, cuando coincidían en el autobús o si se encontraban en el almacén o la panadería.

—Debería llevar velas —le sugirió la señora Sara—. En la radio dijeron eso.

—Sí, no lo había pensado —dijo Edith—, y pidió unas velas y cerillos.

Justo cuando pagaba, escucharon y observaron un helicóptero que venía desde el este. Edith tomó la bolsa y salió deprisa. Doña Sara hizo lo mismo y caminaron calle arriba mientras miraban al helicóptero, que de pronto se detuvo, casi sobre sus cabezas, y disparó un proyectil en dirección al cerro. Todo tembló. Las mujeres se acurrucaron junto a un pequeño muro. Edith pensó en la columna de guerrilleros que había visto diez o quince minutos antes. Esperaba que no respondieran, pero sí respondieron. Doña Sara le dijo que corrieran a su casa, que estaba a unos metros. Fue lo que hicieron y ella abrió la puerta con dificultad pues las manos le temblaban. Entraron y se tiraron al suelo mientras afuera el helicóptero volvía a disparar y desde el cerro le respondían.

—Esto es muy serio —repetía doña Sara.

—Mi hijo está solo con su abuela.

—No les va a pasar nada. Al menos están en una casa. Mi hijo está en el cuartel. ¿Se imagina?

—¿Y dónde está?

—Él es del batallón Atlacatl, así que imagínese lo afligida que estoy.

—Que Dios se lo proteja.

—Le llamé por la mañana y me dijeron que nadie podía responder llamadas. ¿Se imagina? Ni siquiera me dijeron si estaba en el cuartel o si habían salido a combatir.

—No, no me imagino —respondió Sara.

Cuando el helicóptero se alejó, unos minutos más tarde, Edith dijo que tenía que marcharse. Se asomó con cautela a través de la puerta que daba hacia la calle y miró hacia arriba. No parecía suceder nada extraño. No había gente, quizá algún vecino que asomaba la cabeza, como ella, desde la puerta o alguna terraza.

—Tenga mucho cuidado —dijo doña Sara.

—Usted también y ojalá su hijo la llame —respondió Edith. La mujer suspiró detrás de ella, pero no se dio la vuelta porque ya corría calle arriba.

3

Miguel tenía el cuerpo dentro de la casa y la cabeza fuera y miraba calle abajo cuando apareció su madre. Quería pero no se había atrevido a salir a buscarla. Su abuela estaba detrás de él y le decía que no hiciera eso de asomar la cabeza, que podía ser peligroso, que podían confundirlo con algún guerrillero. Cuando su madre entró en la casa dejó las compras en la mesa del comedor y, antes de comentar lo sucedido con su suegra y su hijo, cogió el teléfono y volvió a llamar a su hermana. Una vez más tampoco respondió.

—No creo que donde vive no se escuchen los disparos —se quejó Edith—. No entiendo por qué no me contesta. Desgraciada Margarita.

Margarita vivía en la zona norte de la ciudad, pero San Salvador no es un sitio demasiado grande, no uno donde los disparos del sur no puedan escucharse en las casas del norte.

—A lo mejor está con un novio —dijo Miguel.

—Ya quisiera yo que estuviera con un novio —le contestó Edith—, pero no tenemos tanta suerte.

Una hora más tarde volvió a llamar pero tampoco hubo una respuesta. Para entonces las detonaciones se habían reanudado y la radio anunciaba que una ofensiva guerrillera estaba desarrollándose en todo el país. Escuchaban las últimas noticias cuando sonó el timbre de la puerta. Los tres se abalanzaron a abrirla con la esperanza de que fuera Margarita. Pero no era ella, sino Mario.

—¿Qué haces aquí, muchacho? —le recriminó la señora Edith.

—Si aquí no pasa nada —respondió Mario.

—Hace un rato sí que pasó algo. ¿Vas a decir que no viste el helicóptero?

—Bueno, sí lo vi, pero ya pasó. Ya aquí no pasa nada, mi padre dice que pasa en Santa Marta, en Soyapango y en San Marcos.

—Pues estamos rodeados —apuntó la señora Eunice.

—¿Qué pasó? —quiso saber Miguel.

—Pues nada, que mi padre ni loco nos lleva a lo del barco.

—¿Qué barco? —preguntó la señora Edith.

—El barco encallado ese que cuentan que está por Acajutla.

—No tiene tripulación —añadió Miguel con entusiasmo—. Y llegó con la neblina al amanecer del viernes.

—¿Dónde leyeron eso? —preguntó la señora Eunice.

—Está en el periódico de ayer.

—No me di cuenta. De niña veíamos con mi padre los barcos que pasaban cerca de la playa. ¿Sabías que yo viví en el puerto, Mario?

—Sí, señora, sí lo sabía.

—Viví de niña. Y varias veces vimos barcos, pero no eran como los de ahora, eran grandes y de madera. Mi padre aseguraba que eran piratas.

—¿Barcos fantasmas de piratas?

—Eso contaba mi padre. Además, en la playa siempre se ven ahogados caminando. Eso quién no lo sabe.

—Pues yo no lo sabía —dijo Miguel.

—Si hubieras vivido en la playa lo sabrías. Allí todo el mundo los ve.

—Bueno —insistió Mario—, la cosa es que mi padre no nos va a llevar, así que estamos jodidos.

—Pues aunque los hubiera llevado —advirtió la señora Edith a Miguel—, estabas perdido porque no hubieras ido jamás. Ni loca te hubiera dejado ir.

—Si acaba esto hoy a lo mejor mañana…

— Esto no va a acabar hoy —contestó la señora Eunice.

—Oiga, doña Eu —dijo Edith—. Oiga cómo se ha puesto.

Edith se refería a que el enfrentamiento se había recrudecido. Eran armas de grueso calibre y parecían no cesar, como si de pronto algo se hubiera despertado con una urgencia inusitada. No habían escuchado algo así en diez años de guerra.

Reunidos en la sala, los cuatro se quedaron en silencio durante un breve instante. El día se alargaba amenazante. Quizá no acertaban a comprender que estaban en medio de algo terrible. Los chicos seguían decepcionados por su barco y les resultaba difícil comprender lo que sucedía. Además, se encontraban en una zona donde el combate todavía no había llegado y nadie había pensado en escapar, nadie había pensado aún en amarrar una camisa blanca y ondearla como una bandera de paz y salir bajo las balas, una escena que en otros sitios de la ciudad empezaba a producirse. El olor de la sangre aún no había llegado hasta ellos y no podía afectarles. La guerra en la lejanía aún era una especie de sueño terrible. Y la angustia sólo llegó a la hora de preparar el almuerzo, cerca de las doce, cuando Edith supo que debía llamar a su hermana por quinta o sexta vez y estaba segura de que no respondería. Al hacerlo, esperó mucho tiempo a que, al otro lado de la línea, Margarita respondiera, pero no lo hizo. Volvió a llamar de inmediato, y nada. Lo intentó tres veces más y no hubo respuesta y ella no podía entenderlo. Margarita no solía quedarse jamás en casa de nadie. Temía de las habladurías de la gente. Ella era una mujer casada. Obsesionada con parecer intachable para su marido. No quería que ningún vecino ni ningún amigo de su esposo le hiciera un comentario en una carta y todo se viniera abajo.

—¿No contesta? —preguntó Miguel.

—No.

—Seguro va a estar bien —dijo la señora Eunice—. Hay que pedirle a Dios.

—Es una mierda que no conteste. No lo sé… La verdad es que no tengo ganas ni de cocinar ni de pedirle a Dios. Quisiera ir a buscarla.

—No seas tonta, Edith.

—Tengo miedo.

—Todos tenemos miedo.

Por la noche, Edith dijo a Miguel que dormirían en la habitación de la abuela todos juntos y que había que preparar los colchones de sus camas, bajarlos y tirarlos al suelo, pero antes debían quitar la mesa y la silla que había junto a la ventana de la habitación de la señora Eunice. Mientras su madre preparaba la cena, Miguel se ocupó de aquello. Llevó ambos colchones, los colocó en el suelo, uno junto al otro, hasta que la pequeña habitación se convirtió en una cama enorme y cuadrada en la que no había espacio para nada más. Después, Miguel extendió dos cubrecamas sobre los colchones y puso las almohadas. Cuando acabó, se acostó en la cama de la abuela y se entretuvo mirando las fotografías en la pared. Eran todas antiguas, de la época en la que era una niña y sus padres estaban jóvenes. Había guardado en un baúl todas las de sus hijos y las de su esposo porque la hacían ponerse triste, en cambio, esas fotografías de su niñez en blanco y negro la animaban porque le recordaban un tiempo en el que todo había sido bueno. A Miguel le gustaba especialmente una en la que su abuela estaba subida en la escalerilla de un tren. Ella le había contado que ese no era un tren público sino de una familia adinerada, de latifundistas, y la línea que recorría iba desde el occidente, donde se encontraban sus fincas de café, hasta el oriente, donde estaban sus otros cultivos de caña de azúcar, y bajaba al sur, a los puertos, a Puerto El Triunfo, en Usulután, y a Acajutla, en Sonsonate. Su abuela recordaba que aquel tren atravesaba las montañas, incluso a través de cuevas prehistóricas por las que el tren aminoraba el paso y hasta podían verse pinturas rupestres iluminadas por lámparas clavadas en el suelo, grandes aves de colores rojizos y amarillos y tigres con dientes enormes como sables y animales parecidos a caballos pero con las patas peludas y los lomos pintados con rayas que se parecían a las cebras, pero sólo hasta la mitad. También decía haber visto las figuras de unos hombres que parecían extremadamente altos. Sus amigas, Julia Colt y Eva Colt, compañeras en su tiempo de estudiantes de profesorado en la Normal España, la institución donde, en la primera mitad del siglo XX, se preparaba a los maestros, eran sobrinas de un hombre llamado Erick Colt, quien era el dueño tanto del tren como de las fincas de café y caña de azúcar. Cuando alguna de las sobrinas cumplía años, su tío las agasajaba con fiestas que duraban dos o tres días. Entonces era cuando subían al tren en San Salvador, donde se encontraba la estación, y emprendían el camino hacia el occidente. Allí les esperaba un baile al llegar a la casa de los dueños de la finca Agua Blanca, en las montañas de Ahuachapán, donde se ubicaban los sembradíos de café, y otro más en el puerto de Acajutla, al día siguiente. Eran otros tiempos, solía decir la señora Eunice. Y sí que lo eran. Había una foto estupenda de la llegada del cuñado de la señora Eunice, siendo apenas un niño, junto a una balsa de madera a la orilla del río Acelhuate. En la imagen lo rodeaban muchas personas y lo abrazaba un hombre de grandes bigotes en forma de M. Y otra más de la calle Arce, en el centro de la ciudad, con autos de la época estacionados en las aceras limpias, arbustos recortados y árboles que dice la señora Eunice que eran maquilishuat y daban flores amarillas o blancas que hacían que la calle pareciese una pintura japonesa.

Miguel se levantó para despegar una de las fotografías en la que su abuela sostenía a su padre. Estaban en la playa y era la única fotografía en color. Se reían. Su padre debía tener unos tres o cuatro años. Al contemplarla, pensó que hacía mucho que no habían ido a la playa y que la historia del barco encallado era una magnífica ocasión. También se preguntó si aún podría funcionar el tren del que hablaba su abuela. De ser así esa gente podría marcharse de inmediato de la ciudad, incluso podrían ir hasta Acajutla, a visitar su maravilloso barco.

4

Para la mañana del lunes se anunció que el país estaba sumido en la mayor de las crisis de seguridad y que desde ese día se decretaba un toque de queda que impediría salir de casa a cualquier civil desde las seis de la tarde hasta las seis de la mañana del día siguiente. También hubo recortes en el servicio de electricidad y en el abastecimiento de agua, que fueron suspendidos varias horas al día hasta nuevo aviso. Se recomendó a la población no salir de casa. La ofensiva guerrillera se extendía por todo el país, pero se advertía que todo sería controlado en cuestión de horas.

Al mediodía, Edith apagó la radio porque le causaba demasiada ansiedad escuchar las noticias. Salió al patio y limpió la parrilla que utilizaba en ocasiones para asar carne. Buscó algo de carbón y encendió el fuego. Cocinó unas piezas de pollo y algunos plátanos y cuando todo estuvo listo comieron en silencio, escuchando en la lejanía los disparos. Al acabar de comer pensó en llamar a Margarita, pero desistió de hacerlo porque supuso que era inútil, con todo lo que estaba sucediendo ella tendría que llamar en cuanto pudiera. La señora Eunice le dijo que, si quería, podían rezar el rosario, que eso siempre ayudaba, y ambas mujeres se encerraron en la habitación de la señora Eunice para rezar. Miguel, en cambio, se marchó a su cuarto para seguir con su trabajo de pintar jugadores de madera.

Siempre que elaboraba un futbolín pedía al carpintero que le vendiera veintidós trozos de madera de un centímetro de ancho y tres de alto con un orificio a uno de los lados para poner un tornillo. La mayoría de las veces no le cobraba, pues los trozos eran desperdicios, y cuando no era así, le pedía unas pocas monedas. Miguel pintaba los trozos con los colores que más le gustaban, pero predominaban el amarillo verdoso de Brasil, el azul y blanco de la selección nacional de El Salvador, o el blanco, que era del Alianza, su equipo. También podía tener el color celeste del Nápoles de Maradona o el negro y rojo del Milan de Van Basten, sus dos ídolos de fuera. Cuando los jugadores estaban pintados, los atornillaba a la tabla, que previamente había pintado de verde con líneas blancas como los campos de fútbol. Lo último que hacía era rodear su diminuto campo con hilo negro y la cancha de futbolín quedaba lista. Entonces, él y sus amigos jugaban ayudados por paletas de un centímetro de ancho y como balón empleaban una canica. Habitualmente disputaban sus torneos por la noche, reunidos en su casa o en la casa de uno de sus vecinos.

Por la tarde preferían jugar al fútbol en la calle, con pelotas de plástico. Para señalar las diminutas metas solían utilizar dos piedras. Aquellos partidos eran de cinco contra cinco o seis contra seis, sin portero, pues las metas tenían una extensión no mayor a cuatro pasos, algo así como un metro de largo. En aquellos años las vacaciones duraban de noviembre a finales de enero. El fútbol y las caminatas por el cerro y los partidos de futbolín lo eran todo.

Cerca de las tres, Miguel salió y cruzó la calle y caminó hasta la casa de Mario. Silbó y Mario se asomó a la puerta para advertirle que su padre no lo dejaba salir. Miguel le contestó que no quería salir, que quería entrar, y Mario lo dejó pasar.

—Mi padre dice que si esta cosa sigue así, vamos a tener que irnos a Guatemala.

—No va a pasar nada.

—En la radio hemos escuchado que van a comenzar a reclutar y que van a empezar desde muchachos con dieciséis años.

—Pero siempre están con lo mismo y nunca pasa nada.

—Pero ahora es distinto. Ahora hay guerra.

—Bueno, sí. Quizá sea distinto. En fin, es una mierda, creí que se iba a acabar en un día y no parece que vaya a parar. Ya no vamos ni a jugar a gusto con el futbolín nuevo. Y ya estoy acabando.

—¿Lo vas a pintar como el Nápoles?

—Sí. Nápoles contra Milán va a ser. Está quedando bien.

—Pues si no pasa más podemos jugar un día de estos. Por cierto, hablaron del barco en el noticiero.

—¿Qué noticiero? ¿El de la televisión?

—Pues sí.

—¿En serio?

—Sí, al final del noticiero dijeron que había encallado un barco cerca de Acajutla, aunque no mostraron imágenes. Con todo lo que pasa hasta me sorprendió que informaran de eso.

—Es que no es una noticia para dejarla pasar. Es rarísimo.

En ese momento sonó una explosión distinta al resto y los chicos se acurrucaron junto a la pared. Se encontraban a un lado de la casa, donde el padre de Mario guardaba el auto. La explosión había sido muy fuerte y cuando minutos más tarde se asomaron a la calle, descubrieron una columna de humo en la lejanía. El padre de Mario pensaba que debían haber derribado alguno de los helicópteros.

—Esto se está poniendo serio —dijo el padre de Mario, que se llamaba como su hijo.

—Mejor me voy —apuntó Miguel—. Mi mamá está muy preocupada.

—Si sigue así habrá que irse a Guatemala, como que siga peor van a parar ustedes en el ejército o en la guerrilla.

—¿Pero por qué Guatemala, papá? —preguntó Mario.

—Porque sí, respondió su padre.

5

El martes por la mañana el café estuvo listo a las seis y se habló durante el desayuno sobre la posibilidad de salir a buscar a Margarita. También se comentó la intención de algunos vecinos que querían marcharse. El día anterior se había dicho en la radio que las zonas de Santa Marta y San Marcos estaban tomadas por el ejército guerrillero y que San Jacinto se hallaba justo en medio, rodeado por la guerra, pero extrañamente no tocado aún. Nació el temor de quedar atrapados y creció la urgencia por salir. Tres familias vecinas se habían marchado al amanecer, minutos después de que se levantara el toque de queda. Pero ellos no iban a marcharse. No tenían adónde ir. Y no podían irse sin saber nada de Margarita.

Miguel apenas probó la comida y Edith y la señora Eunice tomaron únicamente café y cuando se levantaron de la mesa fueron a la habitación a rezar otro rosario. Habían rezado uno la víspera y en la tarde también y comprendían que no podían hacer mucho más. Miguel pensó en acompañarlas pero ni se lo pidieron ni tuvo ganas. Al final entró en su cuarto y siguió pintando sus jugadores de madera. Mientras lo hacía no podía dejar de pensar en su tía ni dejar de escuchar las detonaciones lejanas. Cerca de las nueve, escuchó voces afuera y abrió la ventana de su habitación, que daba hacia la calle. Justo bajo ella había un soldado. El soldado tenía una enorme mochila apoyada en la pared y estaba recostado sobre ella. Comía de una lata ayudado de una navaja con la que partía algo que tenía un aspecto de carne para perro. En el suelo había dejado una taza de café. Era un hombre joven, de unos treinta años, quizá menos, y tenía un aspecto cansado, la cara colorada por el esfuerzo y los ojos enrojecidos.

—Qué pasó —dijo el soldado cuando descubrió a Miguel, quien lo saludó alzando la cabeza. El soldado partió con la navaja otro pedazo de su lata y se lo llevó a la boca. Miguel lo observó sin decir nada y el soldado señaló—: Sabe a mierda.

—¿Y qué es?

—Pues se supone que un tamal de gallina pero sabe a mierda, no a tamal.

—¿Un tamal enlatado?

—Pues sí, no queda de otra. Hay tamales, frijoles, carne de cerdo, pero todo sabe a lo mismo.

—¿A mierda?

—A mierda, exacto.

Había soldados por toda la calle, sentados cada seis o siete metros, comiendo de sus respectivas latas o fumando o sin hacer nada. Miguel trató de contarlos pero desistió cuando iba por el número once. Miró hacia dentro de la casa y su madre se acercaba.

—Buenas —saludó Edith.

—Buenas —le correspondió el soldado.

—¿Van de paso?

—Sí, venimos de la colonia Santa Marta.

—¿Y cómo va todo? Parece serio. En la radio dijeron que parecía serio.

—Pues… sí… está serio el asunto… Pero los hemos hecho retroceder, al menos en mi zona los cabrones retrocedieron a las quebradas y huyeron al cerro.

—¿Le diste a alguno? —preguntó Miguel.

—Eso no se pregunta —le interrumpió la madre.

—Hubo un rato —siguió el soldado— que me quedé solo en una casita y desde la ventana supieron de mí unos cuantos. A media noche se replegó mi unidad y yo me quedé atrás mientras sacaba unos heridos. Cuando me di cuenta estaba solo y de milagro salí bien.

—¿No lo hirieron?

—Nada. Me pasaron unos cerca, unos balazos, pero nada. Se siente feo el zumbido.

Uno me pasó justo en la oreja —dijo el soldado señalándose la oreja izquierda.

—¿Y se sabe algo de la zona norte? —preguntó Edith.

—No sé nada de eso. No sé nada más que de la Santa Marta.

—Es que tenemos una hermana allí y no sabemos nada de ella.

El soldado empezó a guardar sus cosas. Mientras metía la taza en su mochila, dijo:

—Ojalá que su hermana esté bien.

—Estamos preocupados.

—Ya da igual. Preocuparse no sirve de nada. Si uno tiene que morirse se muere y ya está, pasa todos los días. Y no quiero decirle que le haya pasado algo, seguro que está bien, sólo le digo que de nada vale afligirse. Ya aparecerá.

Edith pensó que era un idiota pero también pensó que tenía razón y sintió unas enormes y repentinas ganas de llorar pero no lo hizo, sólo se quedó en silencio, mirando hacia abajo, hacia la calle, como a la espera de un milagro que le trajera a su hermana, pero la calle estaba desierta salvo por los soldados sentados en el suelo o de pie y por algún que otro fisgón, como ellos, que no salía del área de su casa y que apenas asomaba la cabeza o sacaba medio cuerpo para hablar con los soldados por una curiosidad inevitable.

—¿Tendrá un poco de agua, señora? —preguntó el soldado.

—En esta casa no hay agua limpia —contestó una voz que venía de atrás. El soldado miró hacia dentro de la casa y se encontró con el rostro de la señora Eunice. Edith sintió un agobio y Miguel no comprendió qué sucedía.

—¿Cómo dice? —se sorprendió el soldado. Su voz había dejado de ser amable y ahora miraba a la señora Eunice con expresión seria.

—Que no hay —repitió la señora Eunice, al mismo tiempo que Edith intervino.

—No le haga caso. Está enferma, algo senil, y cree que siempre sale mucho en el recibo del agua y no le gusta ni regar las plantas. A ver, deme su cantimplora.

El soldado amagó con dar un paso al frente, en dirección a la señora Eunice, pero no lo hizo y sólo alargó la mano con la cantimplora a medio llenar y se la dio a Edith. Edith entró a la casa muy nerviosa, pero tomó de los hombros a la señora Eunice y se la llevó a la cocina y ella se dejó llevar.

—Está enferma —dijo Miguel—. Es mi abuela.

Pero el soldado no respondió, sólo miraba fijamente hacia dentro de la casa y Miguel se dio cuenta de que la columna, abajo, empezaba a moverse. Observó que los otros soldados se levantaban o andaban y se acercaban a su casa y por un instante dudó de si era porque ya tenían que marcharse o porque habían sido alertados por su compañero. Cuando Edith salió con la cantimplora llena le dijo que era agua fría, que aún les quedaba un poco.

—Bueno, gracias —le respondió el soldado, que se puso su mochila en la espalda y caminó junto a sus compañeros por la acera. Edith y Miguel entraron y fueron a la cocina, donde estaba la señora Eunice, sentada a la mesa, con la mirada perdida hacia el patio. Al principio nadie dijo nada, pero luego sí:

—No sé por qué no pude controlarme.

—¿Pero qué sucedió? —preguntó Miguel.

—¿Cómo que qué sucedió? —replicó la señora Eunice, y su voz era casi un susurro—. ¿Es que no ves que esos cabrones mataron a tus tíos? ¿No sabes eso?

—Sí sé pero…

—Yo la entiendo —agregó Edith—, pero eso pasó hace demasiados años y no se puede hacer lo que usted hizo, esos hombres deben de estar muy tensos y ¿se dio cuenta cómo la miró? ¿Se fijó en eso? Pensé que le iba a disparar. Y hubiera podido hacerlo y no habría pasado nada. Nos ha puesto en peligro.

—Pueden haber pasado cien años, pero para mí sigue siendo como si hubiera sido ayer en la noche. Ese dolor no se olvida.

—Voy a hacer té de manzanilla —dijo Edith.

—Yo quiero tomar también —señaló Miguel. Su madre encendió el fuego de la cocina y llenó una olla con agua y sacó de una caja de metal unas bolsitas de té, las puso en la olla, la llevó al fuego, y se sentó junto a doña Eunice.

—¿Usted cree que rezar servirá de algo?

—No lo sé —contestó la señora Eunice—. Ahora mismo es que ya no lo sé…

6

El jueves por la mañana, Miguel se levantó poco después de las seis
y preparó una olla de café. Mientras esperaba a que el agua hirviera,
apoyado en el lavadero, pensaba que era seguro que nadie podía ir
a revisar el barco encallado en esos momentos. Si acaso, el periodista que había escrito el artículo del sábado pasado, pero nadie más.
Miguel tenía todavía mucho sueño pero no quería seguir acostado.

La víspera, su madre había escuchado la radio a bajo volumen
por mucho tiempo mientras su abuela mascullaba un rosario ininteli-
gible. Debían ser cerca de las diez de la noche cuando la electricidad
se cortó y ya todos se quedaron en silencio y muy juntos en la noche
fría. En la oscuridad, Miguel se dio cuenta de que no se oía ruido
de gatos afuera, como era habitual, y pensó en si los gatos serían como las ratas, que huyen cuando el barco va a hundirse, y en si se habrían marchado a esconderse en el cerro o en las alcantarillas. Trató
de recordar si había visto alguno durante el día y estuvo casi seguro de
que no. Es posible, se dijo. Y se imaginó una de las cuevas del cerro
llena de gatos, o una fila de gatos bajando a través de la oscuridad
de las alcantarillas, y supuso que sería posible que estuvieran libran-
do, abajo, justo debajo de donde dormían, su propia guerra contra
las ratas, sin que nadie se diera cuenta de ello. Quiso creer que los
animales tenían sus propias vidas, que no eran nada de lo que vemos
de ellos a simple vista. Sumido en esos pensamientos se durmió, soñó con gatos que perseguían a las ratas y se despertó cerca de la una.
No se pudo dormir hasta pasadas las dos, y después volvió a despertarse cuando todavía no eran ni las seis de la mañana, así que quiso obligarse a quedarse acostado pero pronto se aburrió, se levantó

y decidió hacer café. Esperaba tener suerte y que la ofensiva acabara pronto y que el padre de Mario los llevara al puerto. Cruzaba los dedos para que aquel periodista pusiera al menos unas buenas fotos en el periódico y se lamentaba de que no hubiera sucedido todo eso antes.

¿Cómo pueden dejar una noticia como esa sin una fotografía? No lo entendía.

El agua hirvió y Miguel puso unas cucharadas de café molido, apagó el fuego de inmediato y tapó la olla. Aún tenía que esperar unos minutos a que el café se asentara. Sacó una taza y mientras lo hacía pensó en la taza del soldado. Se dijo que si alguno de los soldados o de los guerrilleros pudiera navegar, bien podría utilizar el barco para escapar. Y se preguntó por qué nadie escapaba y se dio varias respuestas. Supuso que era por miedo a ser encontrados y encarcelados por traidores, pero estaba convencido de que era viable escapar al cerro San Jacinto y quedarse en una cueva o salir en barco y recorrer la costa siempre hacia el sur, hasta la Patagonia. Era posible. Incluso si se hacía desde San Salvador, a través del río Acelhuate. Su abuela le había contado numerosas veces que medio siglo antes, su cuñado, el marido de su hermana, había salido en barco desde la ciudad chilena de Valparaíso y había remontado el río hasta desembarcar bajo un puente del barrio Candelaria, casi junto a la puerta de la casa de la madre de la señora Eunice. Era cierto que el río había bajado su caudal, que estaba hecho una alcantarilla a la vista de todos, sin embargo, quizá aún se pudiera. O eso quiso creer.

Una hora más tarde, cuando su madre le sirvió el desayuno, que consistía en queso picante, un plátano asado a las brasas y frijoles, Miguel caminaba aún a la orilla del río, y sólo despertó de su ensoñación cuando doña Eunice recriminó a su madre:

—Pero por Jesús Bendito, Edith. ¿De verdad vas a dejar a tu hijo por ir a buscar a tu hermana? ¿De verdad vas a correr el riesgo de no ver más a tu hijo por buscar a tu hermana por muy hermana tuya que sea?

—Pero señora…

—¿Vas a ir a pie bajo las balas? ¿Estás hablando en serio, mujer?

—¿Y qué voy a hacer, quedarme a esperar más?

—¿Y está en su casa? ¿No crees que si estuviera en su casa ya habría respondido al teléfono? No, mujer, no seas imprudente. Es que no se puede.

—¿Ha pasado algo, mamá? —preguntó Miguel.

—Nada, qué va a pasar —intentó tranquilizarlo la señora Eunice.

—Dijeron que han llevado a mucha gente a centros de resguardo y que muchos de San Antonio Abad están en una escuela y allí debe estar tu tía. Eso dijeron en la radio.

—Pero si está en una de esas escuelas seguro va a estar bien. ¿O no?

—Les sacaron de donde vivían y no les dejan salir porque por allá sí está más jodida la cosa. Eso dijeron.

—Pero no le va a pasar nada.

—Eso es lo que le estoy diciendo —insistió la señora Eunice.

—Sí, pero no sabemos si está allí. Es que no sabemos nada.

—¿Y cómo vamos a estar seguros nosotros de que estás bien, de que llegaste? Porque si llegas no creas que van a dejar que te vuelvas. No es momento de hacerse el héroe, menos si tienes un hijo de catorce.

—De dieciséis —corrigió Miguel.

—De lo que sea —continuó la señora Eunice. Edith no dijo más, se restregó los ojos, bebió un sorbo de café y miró a través de la puerta abierta que daba hacia el patio. Pensó que ojalá su hermana consiguiera llamar, y en ese momento, justo en ese momento, sonó el teléfono y a ella le dio un brinco el corazón y corrió a responder. No era Eunice. Quien llamaba era Luis, un amigo de Miguel, que quería preguntarle sobre el futbolín.

Luis había pasado días sometido por el aburrimiento, encerrado en su habitación, así que se le ocurrió llamar a los amigos para organizar un partido por la tarde y no pudo esperar una hora menos educada que aquella. Pero a Miguel no le importó demasiado, incluso se entusiasmó, le dijo que el nuevo estaba casi listo y que si todo iba bien, podían jugar por la tarde. Quedaron para después de comer.

Después de desayunar, Miguel se encerró en su cuarto y trabajó en los jugadores que le quedaban por pintar. Los atornilló a la tabla uno a uno y antes del mediodía ya había rodeado todo varias veces con hilo negro, que enrollaba a unos clavos dispuestos alrededor. Ese día, por la tarde, jugaron unos cuantos partidos. Jugaban ayudados de paletas que hacían las veces de un palo de hockey diminuto, que era con lo que le pegaban a la canica de cristal. La dinámica era simple: cada uno tenía una oportunidad para lanzar la canica intentando anotar, y se hacía una y otra vez hasta que se llegaba a cinco anotaciones. No era tan fácil. Los clavos estaban dispuestos por todo el campo, quedando libres sólo algunos corredores.

Había que tener buena puntería para hacer pasar la canica a través de estos y clavarla a un lado u otro del portero, enroscado al centro de la meta.

Pasaban poco más de las dos y el marcador era Luis tres, Mario dos, cuando sonó una detonación lejana pero perfectamente audible. Miguel se asomó a la ventana de la habitación de Mario y observó un avión que hacía maniobras sobre una zona cercana, caía en picado y soltaba una ráfaga. Se le erizó la piel de los brazos por la emoción. Los proyectiles luminosos se perdían abajo, entre las construcciones, y a Miguel le pareció asombroso. Un minuto más tarde, los tres chicos estaban en el tejado observando dos aviones realizar aquellas maniobras sobre la colonia Santa Marta y luego sobre la colonia Zacamil, al norte de la ciudad. Bajaron cuando los aviones se marcharon, casi una hora más tarde. Recuerda Miguel que entonces jamás pensó en el significado de lo que veía, que a sus dieciséis años era un idiota y no pensaba en lo que sucedía de la manera correcta, y lo dice con cierta vergüenza.

—Había gente muriendo abajo, y no sólo soldados contrarios, sino muchísima gente civil, quién sabe quiénes. No nos dábamos cuenta.

—¿Y los mayores no dijeron nada de eso?

—No el padre de Mario. Creo que estaba igual de emocionado que nosotros. O lo estuvo al menos al día siguiente, cuando nos reunimos para hablar de los bombardeos de la noche. Te imaginarás que las balas luminosas sobre la ciudad completamente a oscuras era algo que creíamos espectacular. Ni tan siquiera tuvimos miedo.

Miguel había visto soldados toda su vida y personas mutiladas toda su vida, porque la guerra es para él parte de lo cotidiano. Mucho

más si cabe en aquellos días que no le parecieron, al menos al principio, tan terribles como le han parecido más tarde. Aquella noche se
durmió escuchando el sonido de los proyectiles lejanos y lamentán-
dose de que su madre le hubiera obligado a entrar en casa llegada la
medianoche, o que no le hubiera permitido subir al tejado, lo que
entonces le pareció un verdadero desperdicio.

7

Tuvo que levantarse el tiempo sobre el futuro para que aquellos días significaran algo más que la emoción de un niño. Durante dos o tres años creyó que su tía aparecería una mañana cualquiera, tan campante y sonriente como cuando la había visto la última vez. Muchas veces pensó que sería en su cumpleaños o en el cumpleaños de su madre, y que mientras sonreía como una idiota, contaría que se había marchado con un novio, cansada de sufrir por la pena de que su marido fuera a dejarla por una chica estadounidense o mexicana, como aseguraba que solía pasar con los que se iban a trabajar a los Estados Unidos. Margarita nunca llegó.

En junio, en la fecha de su cumpleaños, su madre organizó una misa a la que Miguel se negó a asistir. Desde entonces, todos los años su madre organizaba una misa para su hermana en la misma fecha y tuvieron que celebrarse muchas para que Miguel aceptara asistir a una. Todavía hoy prefiere no saber ni imaginarse qué ocurrió con su tía Margarita. Eso no le interesa y está convencido de que no importa, de que lo único importante es la verdad terrible de que no volvió nunca más. También me dice que muchas personas le han insinuado que quizá Margarita era organizada, es decir, pertenecía a alguna organización militar guerrillera. Ellos no podían saberlo, pero tampoco ha querido nunca creerlo, pese a que siempre ese rumor le haya perseguido como una duda pequeña. Cada día se lamenta por no haber sido más listo, por no haber estado más atento a lo que sucedía a su alrededor. Tampoco sabía quiénes eran esos hombres a los que asesinaron la madrugada del jueves, y de los que todos hablaban cuando ellos bajaron después de observar el bombardeo de los aviones.

Alguno de ellos dijo que si los aviones seguían así pronto se acabaría todo y podrían ir a ver el barco encallado. Les entusiasmaba la idea. Se sentaron en la acera de la casa de Mario, uno junto al otro, y Miguel empezó a contarles que su abuela le había dicho que era común ver fantasmas en la orilla del mar, que ella había vivido en la playa y que de niña había visto muchos. Y se disponía a darles algunos detalles cuando el padre de Mario salió y le dijo a su hijo que entrara.

—Mira Mario, mejor entren en la casa.

—Pero si no pasa nada, papá.

—Sí, pero mejor entren. ¿No ves que no hay nadie en la calle?

—¿Pero pasó algo?

—Es que están diciendo que han matado a los jesuitas de la UCA. Se ha puesto bien jodida esta cosa.

—¿Y qué pasó? —preguntó Luis—. ¿Saben quién fue?

—Dicen que traicionaron a los guerrilleros y por eso los mataron.

—¿Eran guerrilleros?

—Eso no se sabe pero dicen que sí. En el noticiero dijeron que los han asesinado los mismos guerrilleros, que los habían traicionado y que por eso los mataron a todos. Y puede ser, se había visto que Ellacuría estaba cerca de Cristiani, así que quizá creyeron que los estaba vendiendo. Puede ser.

Eso sí lo sabía Miguel, quién era Alfredo Cristiani, porque era el presidente de la República. A Ignacio Ellacuría lo había visto alguna vez en la prensa, pero no sabía siquiera que era un sacerdote, siempre pensó que era un político. Del resto, no sabía nada, no eran importantes para él, al menos no entonces. Tendrían que pasar algunos años para que entendiera el significado de aquella noticia aterradora, casi los mismos que tardó en asistir a la misa de conmemoración en el cumpleaños de su tía Margarita. Cuando, un rato más tarde, Miguel volvió a su casa, su madre y su abuela hablaban del asesinato de los jesuitas. Mientras lo hacían, su madre freía unas tortillas en aceite. Las había cortado en triángulos y dispuesto en una cacerola sobre el aceite que hervía. A Miguel le gustaba mucho comer tortillas fritas con queso, así que se acercó y su madre siguió hablando sobre los padres, a quienes dijo conocer de vista a casi todos, mucho más al padre Martín-Baró, que había sido su maestro.

—¿Puedo? —preguntó Miguel, que quería tomar unos pedazos de tortilla frita.

—Hay queso en la mesa —le respondió la madre, y el joven vio que habían sacado queso fresco, así que tomó un plato y se sirvió unos cuantos triángulos de tortilla frita, cortó un pedazo de queso y empezó a comer. Su madre seguía hablando sobre el jesuita. Ella había estudiado dos años y medio la carrera de Psicología, y aunque nunca había llegado a graduarse, al parecer tenía unos cuantos buenos recuerdos de ese período, entre ellos dos materias que había cursado con el padre Baró.

—Era un hombre muy inteligente, se notaba, y también era muy amable.

—Yo una vez lo oí dar misa en la parroquia de Zacamil —intervino la señora Eunice—. Explicaba bien bonito las cosas. Y muy fácil. Es cierto que se veía muy amable.

—Se reía a cada rato —agregó Edith—. Bueno, en clase era más serio, pero la vez que lo acompañamos a Jayaque fue distinto, se reía muchísimo con la gente, era muy cariñoso.

—Tenía cara de bueno —añadió la abuela—. De esas caritas de buena gente. No como los otros, Ellacuría tenía cara de serio, de señor enojado, pero este hombre se parecía más a monseñor Romero, tenía una cara dulce, por lo menos en misa.

—Sí, es que era así.

Martín-Baró había nacido un noviembre del año 42, en Valladolid, al norte de España. Llegó a San Salvador a inicios de los años 60. Era, sin duda, un hombre de universidad, un académico, pues antes de ser profesor había estudiado una licenciatura en Literatura, otra en Teología, y un doctorado en Psicología Social en la Universidad de Chicago. Pero todo ese academicismo no lo alejaba de su carácter espiritual. Por mucho tiempo se ocupó de la parroquia de Zacamil, en el lado norte de la ciudad. Y cuando dejó esa parroquia, viajaba los fines de semana hasta Jayaque, una localidad cercana a San Salvador, y se encargaba de la gente, dejaba de ser el intelectual profesor de universidad y se volvía, otra vez, un sacerdote. Todo el mundo recuerda que era cariñoso y amable como un muchacho y que se reía siempre.

—Un día nos contó que Chicago, porque había estudiado en Chicago —aseguró Edith—, era más frío que el pueblo de España donde había nacido.

—No sé por qué creía yo que en España hacía mucho calor —apuntó la señora Eunice.

—Pues en Europa debe de hacer frío. Pero él decía que Chicago era más frío, mucho más. Que era por los lagos y que hacía un viento terrible.

—Imagínese, viajar desde España, estudiar en Estados Unidos, para venir a morir aquí, y de esa manera. Qué ingratitud. Pobre hombre.

—Sí, es una pena. La verdad, no sabe lo triste que me siento. Estoy muy impresionada. No sé. Triste, sí, sinceramente triste. Y quizá algo avergonzada. Como país somos una vergüenza, unos salvajes.

Miguel dio un último bocado de tortilla con queso, se sirvió un vaso de agua y lo bebió de inmediato, dejó el vaso sobre la mesa y caminó hasta la habitación de su abuela, se tiró en el colchón que había junto a la pared e hizo cálculos de cuánto podía quedar para ver el barco encallado. Me dice que creyó que faltaría como mínimo una semana pero que su cálculo no sirvió de nada porque cuando unos días más tarde volvió a leer algo sobre aquel barco, la decepción fue inevitable. Según la prensa local, había desaparecido tan misteriosamente como había llegado. Una mañana ya no estaba y no se supo lo que había ocurrido. Nunca se tuvo información fidedigna, salvo el testimonio de algunos pescadores que aseguraron que la niebla había arrastrado el barco hacia el mar, hacia el fondo del mar.

8

Dice Miguel que su madre envejeció lo indecible en apenas un mes. La Navidad la encontró escuálida, hecha una sombra, con dos medias lunas grises bajo los ojos. Le cambió la voz, que se le hizo suave, como si sólo pudiera hablar a través de susurros. Durante los últimos días de noviembre, recorrieron hospitales, cárceles, sedes de la policía, e incluso visitaron el manicomio. Pero su tía no estaba en ningún lado. Cuando por fin entraron en su casa, sus pertenencias estaban intactas. El álbum con las fotografías de su boda, sus blusas, sus perfumes, un cuaderno lleno de cartas sin enviar y poemas patéticos, su gafas de sol, sus zapatos, todo parecía estar en orden. Si se había marchado no parecía algo que hubiera premeditado. Y no tener una respuesta fue lo peor, al menos para la señora Edith.

Para la Navidad de ese año tenía ya las manos huesudas y frágiles, tanto que le fue imposible cocinar o lavar ropa. El dedo índice de la mano derecha creció unos centímetros, los suficientes para que a Miguel le recordara el cuento de Hansel y Gretel, en esa escena donde los niños le muestran a la bruja un hueso de pollo en lugar de su mano. Algo desagradable a la vista y tan extraño e inexplicable como la propia desaparición de su tía.

Los meses que siguieron todo empeoró. Por alguna razón, la grama del patio de la casa de Miguel se secó por completo. Para inicios de marzo, aquel patio era sólo una pequeña extensión de polvo amarillo. Además, la hiedra inundó las paredes del frente y el árbol de guayabas del patio sólo dio frutos podridos. Por si fuera poco, empezaron a llegar ratas. Tantas que, una mañana, la señora Eunice encontró un nido de ellas en la ropa que había dejado sobre un lavadero la noche anterior. La casa se caía a pedazos, y, según la abuela de Miguel, esto se debía a la madre. La tristeza de Edith estaba afectándolo todo, secándolo todo, atrayendo pestes de ratones e insectos. Incluso la acusó a ella de haber atraído la niebla que cubrió día y medio la colonia donde vivían. Miguel no hacía caso de su abuela, pero cierto era que aquel tiempo vivieron en la calamidad.

—¿Y qué sucedió luego? —pregunto a Miguel.

—Mi madre pasó en ese estado por años, creo que todo cambió para las Navidades del 93 o 94. Y sin ninguna razón, al menos no visible.

—¿Dejó de estar tan triste?

—Asumió que mi tía no regresaría y poco a poco fue superándolo hasta volver a la normalidad.

—¿Y qué sucedió con los ratones?

—Con la vuelta de mi madre no sólo se marcharon los ratones, también la grama del patio empezó a crecer y el musgo se cayó de las paredes y el guayabo volvió a dar frutos buenos.

Nuestra conversación se detiene. Nos encontramos en el Centro Monseñor Romero, en el salón donde se exponen las pertenencias de los mártires, no sólo de los jesuitas, también de monseñor Romero, de Elba y Celina Ramos, y de unas monjas estadounidenses asesinadas en 1980. Miguel observa el albornoz de Ellacuría, la bata de Martín-Baró, la camiseta del padre Lolo, Joaquín López y López. Comentamos sobre la sencillez de la ropa del padre López. Era una camiseta simple, con orificios de bala en la espalda y una mancha de sangre a través de ella. Casi puedo ver la escena, el jesuita en el suelo, tomando la pierna de su asesino, observando su rostro, que fue la última imagen de su vida.

—¿Sabés lo que creo? —me pregunta Miguel—. ¿Lo que creo de todo esto?

—No.

—Que Ellacuría era un objetivo para los militares no porque fuera cercano a la izquierda sino porque ayudaba en el proceso de paz. A mí eso me quedó claro por dos cosas. Una es porque los militares se estaban haciendo ricos con la guerra y no querían que acabara.

Recibían millón y medio de dólares al día sólo de los Estados Unidos. Y eso es mucho dinero.

—Es cierto, se sabe que a veces no reportaban los soldados que morían y se quedaban con sus sueldos. Y no estoy hablando de pocos soldados.

—No querían la paz. La guerra era su negocio.

Salimos del pequeño salón que servía de museo y caminamos hasta un recibidor donde Miguel se detuvo para comprar una revista en la que había un artículo que Jon Sobrino escribía sobre la relación entre monseñor Romero y Ellacuría. Le dieron la revista, la pagó y caminamos hasta la puerta de salida.

Dejamos atrás el Centro Monseñor Romero y bajamos hasta la capilla, a la cual no entramos. Seguimos calle abajo hasta la entrada peatonal de la universidad, donde nos despedimos. Es noviembre, cerca de las once de la mañana. El día se ensombrece de pronto, como cuando se acerca una tormenta. Le digo a Miguel que es una pena tanta oscuridad. Miguel tiene la mirada sombría y cuando me habla de los años de la guerra, de su niñez y su juventud, nunca dice nada que lo haga sonreír. Me asegura que nada hubo en esa niñez y esa primera juventud que sea motivo de alegría. Quizá lo hubo alguna vez, pero sin duda lo ha olvidado, y todo ese pasado es como un camino que desaparece entre la niebla bajo árboles cuyos follajes espesos se unen en la altura impidiendo pasar cualquier brizna de luz. Los que habitan en ese frío no son más que siluetas, rostros y cuerpos incapaces de la corporeidad y la forma.

Tercera parte

1

Jorge Cerna y su hija caminaron bajo los árboles por la acera interna de la universidad. Las luces de la calle estaban encendidas, pero no las de los edificios de las aulas administrativas y las aulas magnas, por donde a la niña le gustaba caminar en la oscuridad de aquella hora. A veces, Jorge le hablaba de cuando siendo un niño había visto a los duendes. Los vio con su abuelo una sola vez, al atardecer. Fumaban grandes pipas sentados en una piedra a la orilla de un riachuelo. Eran diminutos, no más grandes que un bebé de un año, le aseguró.

—Habríamos podido atrapar uno.

—¿Y qué pasó? —preguntó ella, aunque ya sabía la respuesta, pues no era la primera vez que escuchaba la historia.

—Que me dio miedo y les tiré una piedra y se escaparon por el riachuelo, saltando de piedra en piedra.

Los dos solían hablar de ese tema en sus paseos, porque la niña disfrutaba mucho de esas historias.

Ellos no eran de San Salvador, pero la zona donde estaba su casa, Soyapango, se había convertido en un campo de batalla y habían tenido que escapar. Por suerte, los jesuitas para los que trabajaba la madre de la chiquilla los habían acogido y les permitían quedarse en una casa que colindaba con el campus, y que era propiedad de la UCA. Habían acomodado para ellos una habitación en el piso de arriba, con unas colchonetas para dormir.

Los dos caminaron entre los edificios y subieron hasta la terraza de la biblioteca, donde se detuvieron y se acostaron bajo el enorme árbol. Aquel día vieron una luminosa multitud de luciérnagas que había llegado a las ramas más altas. La joven estuvo de acuerdo cuando el padre le dijo que parecía un firmamento. Después de unos minutos, subieron hasta los edificios de ladrillo rojo donde estaban las oficinas de los maestros y Jorge le dijo a su hija que ese olor que se percibía era de los jazmines, pues había macizos de estas pequeñas flores blancas por todo el lugar. Cuando salieron de aquella zona volvieron a la calle que atraviesa la universidad y a la altura de la capilla se encontraron al padre Amando López, que caminaba con paso parsimonioso. La niña pensó que quizá estaba meditando sobre algo muy importante. El sacerdote no pareció sorprendido al encontrarlos. Los saludó con amabilidad y acarició a la muchacha en la cabeza.

—Buenas noches, padre López —le saludaron.

—Buenas noches. ¿Han salido a dar un paseo?

—Eso mismo —contestó Jorge—. Hace fresco y como no estaba lista la cena…

—Cierto que hace un buen clima, muy agradable.

—Mire, padre —dijo la niña—. ¿Y de donde usted es hay duendes?

—¿Duendes? —exclamó el cura con una sonrisa—. Pues de niño no vi muchos, pero en mi pueblo decían que los habían visto.

—¿Y cuál es su pueblo, padre?

—Pues yo nací en un pueblo que se llama Cubo de Bureba, allá en Burgos. Un pueblo pequeño pero muy bonito para vivir. Pero donde sí hay más historias de duendes o de hadas es en un lugar que se llama Dublín, en un país que se llama Irlanda.

—¿Ah, sí? —se sorprendió la niña.

—Toda la gente de allí cree en los duendes.

—Pues quiero conocer ese lugar —respondió ella—. ¿Está muy lejos?

—Pues sí. Queda lejos. Más allá del océano. Pero cuando seas mayor seguro que vas a poder ir.

El padre Amado López había estudiado Teología en Dublín y en esa ciudad se había ordenado sacerdote jesuita en 1965. Había nacido en 1936 y, a los dieciséis años de edad, entró en la Orden de la Compañía de Jesús, que lo envió al seminario de Santa Tecla un año más tarde. Además de en Dublín, había estudiado en Quito y en Estrasburgo, donde se doctoró en Teología en el año 70. De vuelta a Centroamérica, pasó unos años en San Salvador, como rector del seminario San José de la Montaña, antes de viajar a Nicaragua en 1975. Del 79 al 83 fue rector de la UCA de Managua y en el 84 regresó finalmente a San Salvador. Era un hombre afable, de un humor excelente, capaz tanto de impartir una clase sobre filosofía como de ayudar a la Cruz Roja a sacar heridos de una zona de conflicto durante la guerra civil nicaragüense, o de hablar de duendes con una niña.

—¿Pero usted jamás vio un duende, padre?

—Nunca, pero no pierdo la esperanza —repitió el sacerdote y sonrió. Caminaron un poco más, rumbo a la capilla, hacia la casa.

—Quizá puede ser peligroso andar por los edificios tan tarde —les alertó el jesuita—. Le hemos pedido a los vigilantes que se encierren con el toque de queda, así que cualquiera puede entrar a la universidad.

—Sí, nos dijeron eso —admitió Jorge Cerna.

—Así que mejor será ir entrando. Además, ya debe de estar la cena.

—Bueno, padre.

Llegaron hasta la puerta que está al lado de la capilla y que da acceso a la casa de los jesuitas y entraron. Y en todo el corto trayecto la niña no había dejado de mirar hacia los lados o hacia atrás, en dirección a los arbustos, como hacía siempre que llegaba la noche.

Lucía, la madre de la niña, se encontraba con la señora Elba y la hija de ésta, Celina, en la cocina de la casa pastoral. Habían servido ya a los sacerdotes y cuando llegaron el padre y la niña les dijeron que iban a cenar. Comieron mientras hablaban sobre la situación del país y comentaron que el padre Cardenal, un jesuita nicaragüense que vivía en la casa, se había ido a dormir al hogar de Santa Tecla porque no estaba tranquilo, no había conseguido dormir bien desde el cateo que el ejército había hecho dos días atrás, el lunes, y los demás le habían pedido que se marchara. Los que estaban sentados a la mesa pensaban que no había nada que temer. No creían que el ejército o la guerrilla llegaran a entrar a la universidad. Pero, en todo caso, también consideraron que si la guerrilla iba allí a resguardarse, lo mejor sería salir de aquel lugar de inmediato, pues no querían encontrarse en medio del enfrentamiento. Si eso sucedía, lo más adecuado sería huir por la casa en la que Lucía, su esposo y su hija se quedaban, pues tenía un acceso directo a la calle por el otro lado de la universidad.

—No tiene uno que confiarse tanto —señaló Lucía.

—Bueno, pero los padres dicen que no pasará nada. Que es imposible. El padre Ellacuría es amigo del presidente —dijo la señora Elba.

—No creo que sean amigos. Se hablan pero...

—Si hasta ha venido a la universidad —la interrumpió—, son amigos y él dice que no va a pasar nada.

—El padre López tampoco estaba seguro. Cuando les fui a servir el café dijo que él los creía capaces. Por algo se fue el padre Cardenal.

—Bueno, pero no creo que vengan a la universidad. Eso sí, si viene la guerrilla, sí se pondrá feo. Ahí sí que hay que salir corriendo antes de que el ejército los venga a sacar.

—Eso ni lo dude.

2

Eran poco más de las siete de la noche cuando se levantaron de la mesa. Lucía, su esposo y su niña salieron por la puerta lateral que va de la casa pastoral a la capilla, doblaron a la derecha y avanzaron hasta la casa donde se quedaban. A esa hora la universidad tenía un aspecto sombrío, las luces de los postes que habían iluminado antes la calle interior se habían apagado y sólo se observaba oscuridad hacia donde se posara la mirada. En esa época del año la noche llegaba muy temprano, a las seis o un poco antes, y el cielo nocturno adquiría, en ocasiones, un color azul muy intenso y oscuro como un lienzo a cuyo fondo le han dado una docena de capas, una y otra vez, sin una pizca de blanco. Los tres caminaban con lentitud ya que no llevaban una linterna o una vela, y aunque había luna, no era suficiente como para no ir casi a tientas. En el lugar no se escuchaba ni el ruidillo de los grillos ni la brisa chocando contra los follajes, nada salvo las detonaciones lejanas de los enfrentamientos. Jorge abrió la puerta y Lucía pasó pero de inmediato se detuvo porque, al mirar hacia atrás, había visto a su hija, que había dado unos pasos en dirección contraria y miraba hacia la oscuridad con atención. La madre, no sin cierta alarma, le dijo:

—¿Pero qué te pasa? Ven para acá.

Jorge dio un enorme paso en dirección a su hija, la tomó del antebrazo, tiró fuertemente de ella para llevarla consigo, con urgencia, y trató de ver lo que la hija se había quedado mirando. Tuvo la sensación de que alguien los observaba. Metió a la niña en la casa, levantándola levemente, y cerró de un portazo. Estaba nervioso y le costó un poco meter la llave y darle la vuelta en la cerradura.

—¿Pero qué te pasa? —reclamó Lucía a su hija.

—¿Y qué va a pasar, mamá?

—Te quedas ahí parada como si fueras tonta.

—Es que quería ver si había algo.

—¿Pero algo de qué?

—Algo, mamá, un duende.

—¿Pero no viste nada, verdad? —preguntó el padre.

—Nada de nada —contestó la niña.

—¿Y los vigilantes estarán por allí? —quiso saber Lucía.

—Están encerrados. Se retiran a las seis. Y sé que no salen ni a fumar. Pero esta no ha visto nada, no te preocupes.

—¿Estás segura de que no viste nada o es que no nos lo quieres decir? La verdad es que tuve una mala sensación.

—No vi nada, mamá.

—¿Segura?

—¿Y qué voy a ver? —repitió la niña—. Nada. No había nada.

Más tarde, cuando preparaban la habitación para acostarse, Lucía dejó abierta la ventana que da hacia el interior del campus. Había decidido que tenía que estar alerta a cualquier ruido. Su marido le pidió que la cerrara, que podían entrar bichos, que a buen seguro habría zancudos, pero ella no le hizo caso. Se acostaron, rezaron una oración en la que el marido no quiso participar y se durmieron mientras conversaban sobre las ganas que tenían de regresar pronto a su casa, de que ojalá el padre Ellacuría tuviera razón y todo acabara pronto. Pensaban que, con suerte, para el fin de semana pudieran volver. Unas horas más tarde, Lucía se despertó y se llevó la mano al pecho.

Creyó escuchar una detonación, pero no se levantó, se quedó quieta, atenta, y no pareció que sucediera nada afuera. Así que por un minuto pensó que lo habría soñado, que se trataba de su imaginación, que algún tipo de temor le hacía creer cosas que no eran. Respiró un poco con lentitud, pero no consiguió alejar el agobio, así que empezó a rezar, a decir *Padre nuestro que estás...* en susurros, cuando una ráfaga de M-60 atravesó la noche. Lucía se sentó y se llevó la mano a la boca porque comprendió que los disparos procedían de dentro de la universidad. A la M-60 la siguieron una serie de disparos con M-16 y AK-47 y gritos y golpes en la puerta de la casa y pronto la casa de los padres jesuitas se convirtió en un campo de guerra. Y aun cuando el marido, completamente rebasado por el temor, le pidió que no se levantara, que rezara con él, que tomara la mano de su hija y siguiera acostada, ella se arrastró hasta la ventana y miró hacia afuera. Por un tiempo no vio más que sombras o los destellos de los disparos. De pronto, escuchó que uno de los sacerdotes decía: *Ustedes son carroña*. Un momento más tarde pudo oír con claridad un susurro acompasado y comprendió que los padres rezaban, y ella quiso rezar también, pero pronto sonaron nuevos disparos y las voces cesaron, y ella supo que había llegado el final y pidió por su hija. No pudo calcular cuánto tiempo había transcurrido desde la primera ráfaga, pero se supo que cerca de una hora. Lucía seguía tendida junto a la ventana cuando vio luces de bengalas iluminar el cielo y observó una columna de soldados avanzar y dejar atrás la escena.

Cuando dieron las seis, Lucía se atrevió a salir de casa y caminó hasta el jardín donde se encontraban los cuerpos de los jesuitas. Era una mañana fría, luminosa, apacible, y nada parecía suceder fuera, pero dentro estaban los cadáveres de los sacerdotes y los de su amiga Elba y su hija Celina. Lucía lloró amargamente y era difícil comprender lo que había ocurrido. Pronto volvió con su marido y su hija, les contó lo que había visto, y más tarde vio, desde la ventana, que Obdulio, el esposo de Elba, caminaba en dirección de la entrada peatonal. Ella dijo que tenía que ir a la casa de los padres, que tenía que buscar a Tojeira y a los otros para avisar sobre lo que había pasado. Así que salió por la puerta de enfrente de la casa, que da hacia la calle paralela a la universidad, y caminó hasta el final. En la otra casa se reunió con Obdulio y el padre Estrada. Y poco después apareció Tojeira.

—Fueron los militares, padre. Yo los vi —repetía Lucía—. Y Tojeira le preguntó si podría dar testimonio de eso. Ella no dudó y contestó que sí. Tojeira le pidió que fuera discreta, que por el momento era mejor no decir nada.

Así que regresó a la universidad y pasó desapercibida como una curiosa más que se acerca a mirar lo sucedido. Estaba en medio de los periodistas y nadie podía imaginar que aquella mujer que no decía nada era la única que tenía mucho que decir, porque era la única testigo del crimen.

Aquel día no hubo mucho que hacer, salvo esperar. Cerca del mediodía se encerró con su esposo y su hija y comieron unos sandwiches. A media tarde, un sacerdote fue a explicarle que estaban haciendo gestiones para que ella y su familia se quedaran en la Embajada española. Ya para entonces aquella mujer, que no se había dejado achicar por el miedo, se preguntaba qué era más conveniente para ella y para su familia.

—¿Estás segura, Lucía?

—Yo estoy dispuesta a decir lo que vi, padre.

—Los abogados dicen que si testificas en contra del ejército vas a tener que dejar el país. Correrías peligro de muerte.

—A mí quien me preocupa es mi hija, lo demás pues no me importa tanto, se lo aseguro.

—Lo que vamos a hacer es que te llevaremos a la embajada y de allí saldréis al aeropuerto. Podemos mandarte a España. Eso no sería problema, podemos gestionarlo.

—España.

—Sí.

—Tan lejos.

—Bueno, pero estarías segura con tu hija y tu esposo.

—¿Y en Estados Unidos?

—Estados Unidos… Pues… sí, supongo que sí, tenemos casas en muchos países.

—Es que en Estados Unidos tengo parientes, padre.

—Ya veo. Bueno, podría hacerse. Todo es cuestión de tratar, de buscar la manera.

—Padre…

—¿Sí?

—¿Cree que corremos peligro? Quiero decir, hoy, hoy por la noche, ¿cree que vendrán a buscarnos?

—No puedo mentirte, y sólo puedo decirte que no lo sé. Aunque si no saben que estás aquí, y no saben que los viste, no van a venir. Y no creo que estén pensando en acabar con todos los vecinos. Eso no es posible, pero en estos momentos todos estamos expuestos.

—Voy a pedirle a Dios y a la Virgen, sobre todo por mi niña.

—Cuando tenga noticias voy a venir a contarte de inmediato, pero tienes que estar preparada para salir ya.

—Bueno, padre, lo que usted diga.

Las buenas noticias no llegaron esa tarde. La embajada dijo que no podía acogerla y no pudo hacerse mucho más aquel día. Así que al llegar la oscuridad, cerraron todas las puertas de la casa y esperaron y mientras esperaban, rezaron tomados de la mano, porque era lo único que podían hacer en aquella noche más larga que ninguna otra antes o después.

3

Las voces venían de la calle interior que atraviesa la universidad, a unos metros, y las escuchó claramente. Se levantó, caminó hasta la ventana y observó unas siluetas, sombras que se expandían por las paredes, pero no pudo distinguir si lo que veía eran hombres o no lo eran y sólo se le ocurrió pensar en si serían los padres los que caminaban por la universidad o los soldados que habían vuelto a ver si había quedado alguien, o guerrilleros que visitaban el campus con la misión de despedirse. Aunque lo olvidaría, y diría, más bien, que había olvidado lo que sucedió ese segundo día en la madrugada, en ese instante, de pie, junto a la ventana, vio venir desde el oeste, sobre la calle que atraviesa la universidad, a un grupo de personas que le parecieron ancianas por la manera de caminar. No tuvo miedo aun cuando pensó que tal vez no se trataba de personas, que quizá eran sombras.

Caminó a través de la oscuridad del pasillo y bajó las gradas y llegó a la puerta y dio una vuelta a la llave. El frío de la madrugada le heló los brazos y se detuvo. Notó que había luciérnagas en los arbustos situados a la vera de la calle. El aroma escandaloso de los jazmines se mezclaba con el del humo dejado por los faroles encendidos y ella lo agradeció porque ese aroma había disipado el otro, el que había permanecido en la universidad durante todo el día.

Durante la mañana, muchas personas habían ido allí para contemplar lo sucedido. La pena que se sentía por la muerte de los padres le resultaba demasiado ruidosa, así que se alejó del área de la capilla y caminó hasta la zona de las aulas magnas, entró en una de ellas, bajó hasta la pizarra y miró hacia arriba, hacia las butacas vacías.

Se sentó en el borde de una silla tras un escritorio y se quedó allí un rato, contemplando el aula, pensando que en algún momento podían aparecer uno o dos seres diminutos que pudieran confundirla con una maestra, divagando de un delirio a otro. Fue cuando comprendió, con total claridad, que ese aroma que había sentido desde la mañana, a la hora del desayuno, era sangre. Ese pensamiento repentino había llenado su cerebro como un destello y se horrorizó. El aroma de la sangre estaba en el viento como una mancha en una pared, y también había pólvora, y se dio cuenta de que los árboles olían distinto, ya no parecían frescos, un olor terroso, metálico, se esparcía por todos los sitios y se había quedado prendido en las ramas que habían servido como una red. Sangre y pólvora, a eso había olido la universidad toda la mañana y lo que iba de la tarde, y pensó que era una cosa detestable.

Horas más tarde, mientras daba media vuelta para entrar en su casa, le hizo feliz darse cuenta de que el aroma de la sangre había pasado. El viento había sacudido los árboles como una mujer hace con su cabello al salir del agua, si es que lo tiene largo, y los jazmines brillaban en la oscuridad y lo llenaban todo con su aroma. Una luna enorme brillaba en el cénit del mundo a esa hora y pudo saber que serían cerca de las tres.

Aunque había olvidado lo sucedido aquella noche, cierto es que entró en la casa donde vivía, subió a su habitación y caminó hasta la ventana. Lejano, muy lejano, escuchó no ya un sonido de disparos, sino una canción que era cantada por un grupo de mujeres, apenas audible pero real. Regresó a la cama y rezó. Al acabar la oración, pudo dormir sin volver a despertarse hasta la mañana siguiente. Fue una mañana muy fría. Llegó a visitarlos Tojeira y les explicó que no sabían nada de la Embajada de España, que asumían que seguirían con su negativa, pero que personalmente hablaría con embajadas de otros países. Y aunque Tojeira asegurara eso, la angustia se había instalado como una fiebre que no se bajaba con paños fríos. Esa fue una mala noticia. Pero al menos había una buena: al salir, al caminar otra vez por la universidad, el olor de la sangre se había extinguido definitivamente.

4

La antigua Embajada estadounidense estaba en la zona norte de San Salvador, a unos doscientos metros de la Universidad Nacional. Era un edificio amplio, rodeado por un muro de unos cuatro metros de altura. En aquel noviembre de 1989, el embajador era un hombre llamado William Walker. Una persona como Walker es sólo la punta del iceberg, la parte visible de una montaña de intereses políticos y militares, que empezaban en la sala de una oficina cerrada en San Salvador y acababan, a través de distintas conexiones, en Washington, que velaba por sus propios intereses, o lo que creía que eran sus propios intereses, pues la región entera, no Centroamérica sino Latinoamérica, era de interés para los estadounidenses. No querían otra Cuba, otra Nicaragua, y por ello invertían en lo que creían apropiado para restar fuerza a los movimientos revolucionarios. El hielo que alimentaba ese iceberg era la Guerra Fría. Por ello, durante los años de la guerra, el ejército salvadoreño se vio beneficiado con cientos de millones de dólares, eso sin contar con la ayuda logística que comprendía desde latas de comida hasta armamento, instrucción o tratamientos médicos. Siendo así, lo que el señor Walker dijera en voz alta ya fuera a la prensa o a sus iguales en la diplomacia, era lo que estaba obligado a decir.

Cuando Tojeira fue a verle se mostró amable, considerado, afectado por lo sucedido, y ofreció toda la ayuda para que Lucía y su familia salieran del país rumbo a los Estados Unidos. Fue una conversación breve y sostenida en un tono amistoso. Casi al final de la misma, en voz un poco más baja, Walker hizo una confesión a Tojeira que nunca le ha abandonado.

—Ha sido una unidad que nosotros no controlamos.

Lo que había desencadenado esa frase, era la explicación de Tojeira de que los militares habían sido los asesinos de sus compañeros jesuitas. Le había expuesto su análisis y el embajador no lo había negado, al contrario, había soltado semejante frase.

¿Pero cómo me dice eso?, me recuerda Tojeira que se dijo a sí mismo. Y me afirma que se sintió conmocionado porque corroboraba todo lo que ellos ya sabían. *Supuse que fue un desliz, pero con el tiempo ya no he estado tan seguro de que lo fuera*, dice de forma precavida, queriendo encontrar las palabras justas. *Quizá fue con premeditación*, me dice. Tal vez buscaba una frase que lo resumiera todo aunque no significara nada para el posible caso pues no había una grabadora que diera cuenta de aquello, ni un juez ni un periodista, nadie más que ellos dos.

A pesar de lo que señaló entonces, el embajador Walker, en declaraciones a la prensa, apoyó la posición del Gobierno. Y la posición del Gobierno era que había sido la guerrilla la culpable de los asesinatos, que las fuerzas armadas del FMLN habían entrado en la universidad y que después de un enfrentamiento con el ejército habían asesinado a los padres antes de huir. También se dijo que era irresponsable acusar al ejército de tales hechos y tanto el Gobierno de la República como los altos mandos de la milicia como la Embajada de los Estados Unidos dieron su apoyo a esta versión.

El martes 21 de noviembre, Tojeira recibió en su casa a un juez llamado Ricardo Zamora, a dos fiscales y a un secretario para que prestara una declaración. Fue entonces cuando sintió por primera vez el peso de lo que se avecinaba sobre el caso. Ya en esa primera reunión los fiscales hablaban como defensores de los militares y era obvio que había una orden que los obligaba a comportarse de aquella manera.

—Me desperté a eso de las dos de la mañana —dijo Tojeira entonces al juez Zamora.

—¿Cómo sabe que era esa hora? —preguntó uno de los fiscales.

—Más o menos a las dos. No estoy seguro —respondió Tojeira.

—Ponga que no sabía la hora.

—Pero si sí la sé. No estoy seguro pero era más o menos esa hora que le digo. Me despertaron los disparos, estaban usando armas de grueso calibre.

—¿Y cómo reconoció que eran de grueso calibre?

—A ver, eso se sabe. Es algo obvio. No es lo mismo el sonido de una pistola al de un fusil. ¿O ustedes no saben distinguir algo así?

—Puede haberse confundido, es fácil confundirse, depende de la cercanía.

—Bueno, había de todo. Si eso se puede ver en los muros de la casa pastoral, que están llenas de orificios de bala. Pero bien, aquello duró unos veinte minutos.

—¿Cómo sabe que duró veinte minutos? ¿Miró el reloj?

—Todos hicimos el cálculo, mis compañeros y yo, por eso digo que duró de veinte minutos a media hora.

—Ponga que dijo veinte minutos pero que no sabe.

—Pero por Dios, con estos tipos interrumpiéndome —se enfadó Tojeira y señaló con el dedo a los fiscales—, yo no sigo dando declaraciones. Además, si me vuelven a interrumpir, se van. Esta es mi casa, no pueden estar aquí si yo no lo permito, se van todos y me lleva usted al tribunal con policía y a la fuerza porque no vuelvo a declarar.

—Señores, vamos a ver, no tenemos por qué ponernos tensos —intervino el juez Zamora—. Ya la situación es muy difícil, así que por favor no interrumpan al padre mientras habla.

—Hacemos nuestro trabajo —se defendió uno de los fiscales.

—Pues no lo parece —continuó Tojeira—. O más bien, no se entiende para quién trabajan. —La protesta surtió efecto y los fiscales ofrecieron una disculpa y callaron. Así que Tojeira siguió con su declaración, dijo lo que tenía que decir y al acabar leyeron la declaración escrita, estuvieron todos de acuerdo y la firmaron.

Aquella tarde, Tojeira comprendió que la lucha que se avecinaba tenía mucho de imposible. Se enfrentaban a las autoridades de un país. Sabía de la posición del Gobierno y sabía también que las declaraciones del embajador estadounidense apoyaban la posición gubernamental. Por supuesto, jamás pensó que el señor Walker contara a la prensa lo que le había dicho a él, no era tan ingenuo como para explorar la posibilidad de que algo así sucediera. Tampoco lo era para creer que el Gobierno apoyaría su hipótesis sobre los militares, pero no se esperaba una actitud tan agresiva de los fiscales cuando sólo estaba declarando como parte ofendida.

Ante esa situación, temió por Lucía. ¿Qué le ocurriría a esa mujer? ¿Había sido un error hablar con Walker sobre ella? No podían ocultarla sin la ayuda de las embajadas. Eso sí era imposible, más aún en una situación de guerra como la de esos días. Supuso que no era justo implicar a una mujer como Lucía en todo aquello. Y aunque no era justo, era necesario. Antes, había hablado sobre el tema con la doctora María Julia Hernández, quien ejercía como directora de Tutela Legal, que era una institución que pertenecía al arzobispado salvadoreño. Tutela Legal fue fundada por monseñor Romero en su época de arzobispo y su labor era velar por el respeto de los derechos humanos en el país desde el principal organismo de la Iglesia. Así que para Tojeira, lo que la doctora Hernández dijera al respecto del caso era algo definitivo, razón por la que le hizo hablar con Lucía.

—No quiero arriesgar la vida de esta mujer y su familia si no es necesario —le había dicho Tojeira a María Julia.

—La prueba que tú ves como lógica —le dijo María Julia—, esa que la UCA estaba a seiscientos metros del Estado Mayor, a cuatrocientos metros de la Inteligencia y a doscientos de la colonia Arce, para ti puede ser mucho más fuerte que la declaración de ella, pero aquí, en este país, el testigo visual tiene más importancia. Aquí el *Yo vi esto y vi aquello* es más que todo ese análisis de ustedes. Es importante que declare si quieres tener un juicio.

Estaba claro que había que arriesgarse. Ellos eran un grupo de sacerdotes frente a la fuerza política y militar de un país pequeño, pero apoyada en el país más poderoso del mundo. Y sintió la desolación de la distancia. Y sin embargo sabía que ya no podían detenerse, que tenían que seguir y luchar.

—Han aceptado que se queden en la Embajada de España—, dijo Tojeira, y Lucía sintió un alivio enorme, como cuando se sale del agua después de estar sumergido demasiado tiempo y se da una enorme bocanada de aire.

—Gracias a Dios, padre.

—Pues sí, gracias a Dios. Pero bien, os vamos a instalar en la embajada y el martes te van a tomar declaración. No vas a salir de la embajada para eso. La otra noticia es que estamos tramitando tu viaje a los Estados Unidos.

—¿Y eso cuándo se va a saber, padre?

—Ya pronto. Puede que el miércoles ya estén volando.

—¿Y allá adónde viajaremos?

—Irán a Miami. Vamos a procurar que los vayan a recibir unos compañeros nuestros jesuitas que viven allí y que se estén con ellos mientras solucionamos algo más.

—Vamos a Miami primero.

—Sí. Pero no se preocupe, luego irán a Los Ángeles, eso está por concretarse. Tampoco se preocupe por lo del aeropuerto de aquí, van a ir a dejarla el embajador de España y puede que el embajador francés también, así que no habrá problema.

—Bueno, padre. Muchas gracias.

—No, gracias a ti, Lucía. Gracias a ti. Y preparen todo porque ya esta tarde los vienen a recoger para llevarlos a la embajada.

Esa tarde, al subir al automóvil de la Embajada española, Lucía lamentó haber salido de su casa en Soyapango de manera tan abrupta, tan obligada por las circunstancias. Esa había sido su primera huida. Habían escapado al amanecer, en una brecha entre un combate y otro, caminando inclinados y con fundas de almohadas blancas amarradas a un palo de escoba, que era su improvisada bandera de la paz, que indicaba que eran civiles. Les habían acompañado algunos hombres de la Cruz Roja. A la mayoría de los que habían escapado los habían llevado hasta unos refugios, pero ella convenció a su esposo de que lo mejor sería caminar hasta la UCA, aun cuando resultara más arriesgado porque debían atravesar la ciudad. Ella estaba convencida de que estarían mucho mejor con los padres, que no los desampararían. Y sucedió así, pero jamás pudo prever los acontecimientos que vendrían más tarde, los mismos que la habían obligado a emprender una segunda huida, esta vez rumbo a una embajada. Ya en la comodidad de aquel auto los recuerdos la embargaron y pensó que, de haber tenido la oportunidad, le habría gustado empacar ciertas cosas, algunos retratos de su padre o su madre o su abuela, algunas blusas que le gustaban, unas sandalias para estar más cómoda... Pensó muchas cosas y esos pensamientos le hicieron darse cuenta de algo más: no sólo había visto por última vez su casa, era probable que a la mayoría de las personas que conocía también. No a los parientes, los parientes podían ir a visitarla, pero sí a los amigos o amigas o a los vecinos. Quiso creer que si hubiera sabido que era la última ocasión que los veía habría querido abrazar a muchos, y le pesó darse cuenta de que quizá había pasado eso demasiadas veces en su vida y de que no había sido consciente hasta ese instante, sentada en la parte trasera de un automóvil que tal vez en unos días la llevaría hacia el aeropuerto. ¿Podría volver al país alguna vez? Supuso que no. En ese momento no había forma de que pensara otra cosa. Pero ya no podía mirar atrás. Y no quería hacerlo. Se lo debía a los padres, se lo debía a Segundo Montes y al padre Amado y al resto, a Ellacuría, incluso a Tojeira. Pensó que no podía fallarles. Para ella, esos hombres ya no eran sólo hombres, eran algo más, como Romero. Ella había escuchado a Romero muchas veces por la radio, lo había visto en la catedral dando misa, había llorado con su muerte, lo había considerado un santo, uno real porque había muerto por denunciar la injusticia. Así lo creía y para ella los jesuitas habían muerto por lo mismo. Había escuchado a Ellacuría hablar en la radio o en la televisión incontables veces, siempre sobre las injusticias, y alguna vez, en la comodidad de la casa, le había oído decir que su lugar no era el país de donde había venido, no era Europa, no era España, sino San Salvador, que en ese lugar él tenía mucho que hacer y ella no entendía por qué había preferido quedarse en un país en guerra. Aunque jamás lo entendió antes, lo entendía ahora. Para ella eran mártires.

—Para mí son como monseñor Romero —le había dicho a su marido, conmovida.

—Pero monseñor fue un santo. Lo mataron por todo eso que le decía a los militares.

—Pero a los padres también.

—Bueno sí, pero no sé. Quizá no los veo así porque los conocí.

—Para mí son como Romero. Santos como él.

Al estar convencida sobre ello, también lo estaba al respecto de lo que debía hacer. Estaba dispuesta a recorrer su propio camino, a sufrir su propio sacrificio, incluso si eso significara que no volvería más y que su vida se convirtiera en una interminable escapatoria.

Cuando el automóvil arrancó y salieron del campus de la UCA, no hubo mucho tiempo para pensar en lo que quedaba atrás. Ella y su esposo se sentaron juntos y se dieron la mano mientras viajaban. Ambos miraban hacia la calle. Él la apretó fuerte cuando se detuvieron en un semáforo justo frente al Estado Mayor, después de recorrer esos seiscientos metros de los que había hablado tanto el padre Tojeira en los últimos días. El lugar estaba acordonado por soldados y protegido por unos cuantos tanques estacionados afuera. Como se trasladaban en un vehículo con placas diplomáticas no los detuvieron. Algún soldado los miró con extrañeza. Eran personas humildes y no era usual que fueran en un transporte como aquel. Todos en el automóvil sintieron sus miradas. Quizá se preguntaron quiénes eran y por qué razón iban en ese auto. Quizá alguno tuvo el impulso de darles el alto. Lucía no volvió la vista, ni cerró los ojos como habría querido, sólo miró hacia el frente. Cuando el semáforo cambió al verde y el motor arrancó, sintió un alivio extraño, como si ya estuvieran definitivamente a salvo. Pero aquella sensación la abandonó cuando, por la noche, alguien de la seguridad de la embajada le pidió que no se asomara a ninguna ventana del edificio.

El martes por la tarde recibieron en la embajada la visita del juez Zamora y los fiscales. Les proporcionaron una pequeña habitación con una mesa al centro y Lucía fue acompañada por un jesuita, Fermín Sainz. La interrogaron durante horas. Como con Tojeira, la actitud de los fiscales fue agresiva, Parecía, otra vez, que trataban de confundir, de generar la duda en el testimonio. Querían saberlo todo de Lucía, quién era, qué hacía en la casa de los jesuitas esa noche, a qué hora despertó y por qué y a qué hora llegó a la escena del crimen. También se le preguntó si sabía qué significaba dar testimonio en contra del ejército de su país, del gobierno de su país, si calculaba las consecuencias con exactitud.

—No se puede distinguir entre militares y guerrilleros —dijo uno de los fiscales—. Y menos en la oscuridad de esas horas de la noche.

—Había luna. La luna brillaba como el sol —aseguró Lucía.

—No se pueden distinguir, es imposible.

—Eran soldados como los que siempre he visto en la calle. No había diferencia.

Lucía no dudaba pero tampoco parecían dudar los fiscales. Así se siguió por mucho tiempo, hasta que Sainz no pudo más y tuvo que intervenir:

—Señores, me parece que están destruyendo a la testigo en lugar de aprovecharla —apuntó el jesuita.

—No estamos destruyendo a nadie, pero la ley nos obliga a enterarnos de todo.

—La ley les obligará a enterarse, pero no a coaccionar. Y aquí están coaccionando. Se nota claramente.

—Estamos indagando, que no es lo mismo.

—Están coaccionándola. Están diciéndole que no se puede distinguir entre una cosa de la otra, cuando ella asegura que sí.

—Eso es una realidad.

—Si yo le digo que lo que vi fue blanco no tiene usted que decirme que fue negro porque quien lo vio fui yo, no usted.

—Y usted no tiene que decirme cómo hacer mi trabajo. ¿No le parece? ¿Le digo yo cómo debe dar la misa, padre?

—Pero bien, ya basta, hay que calmarse un poco, señores —dijo el juez Zamora—. Se lo pido a todos porque esto va para largo y ya se acerca el toque de queda.

Así continuaron un rato más y cerca de las cinco y treinta el juez dio por concluido el testimonio de Lucía hasta el día siguiente, por la mañana temprano.

Aquella noche todos estuvieron nerviosos en la embajada. Estaba claro que los fiscales estaban siguiendo órdenes, lo que ya Tojeira había advertido. Por otro lado, ante una situación como esa, donde se había transgredido todo y se habían sobrepasado los límites de lo racional, el embajador español, el señor Cádiz, no se sentía precisamente protegido por su cargo, así que el clima de tensión en el lugar era muy grande. La seguridad de la embajada le había dicho que era peligroso mantener protegida a la testigo, que siendo la única en un caso tan particular como aquel, era seguro que se había convertido en un objetivo de los asesinos de los jesuitas, fueran estos quienes fueran. También le habían recordado el país en el que se encontraba, uno en plena ofensiva militar, lo cual tenía a ambos bandos en un estado de nerviosismo *in crescendo,* donde nadie parecía detenerse ante nada. El embajador escuchaba todo aquello y sabía que no tenía opciones. Intentaba tranquilizarse diciéndose que sólo tenían que pasar la noche allí, una sola. Tojeira le había informado que al día siguiente Lucía y su familia tomarían un avión hacia los Estados Unidos. De hecho, la segunda reunión con el juez y los fiscales no se llevaría a cabo en su embajada sino en la sede de la Embajada francesa, que llevaría a Lucía en un vehículo blindado, del que, por suerte para el embajador, ellos carecían. Una sola noche. Lo único que podía hacer era esperar y pedirle a su huésped que rezara por ellos:

—Usted que tiene tanta fe, Lucía, rece, rece mucho por todos porque van a venir a matarnos —le dijo más de una vez esa noche el señor Cádiz a su inquilina.

—No va a pasarnos nada, el Señor y la Virgen nos protegen.

—Si no protegieron a los curas, que eran curas, pues nosotros no sé cómo estamos.

—No pasará nada, ya lo verá.

Eso decía Lucía, que consolaba a aquel hombre y rezaba y pedía, más que por ella, por su hija y por su marido. Hubiera querido que las horas que faltaban para llegar al avión al que subirían pasaran de inmediato, como cuando uno se duerme y se levanta, muchas horas más tarde, y el tiempo ha transcurrido sin que se note. Penosamente, Lucía no pudo dormir lo que hubiera querido. Las horas más largas, siempre son las horas de espera.

6

Los golpes en la puerta sonaron poco después de la una de la madrugada.

—¿Qué pasa? ¿Ha pasado algo?—preguntó Tojeira.

Había podido conciliar el sueño gracias a una pastilla para calmar los nervios y llevaba poco más de una hora dormido cuando aquel sonido seco en la puerta de madera lo despertó. Sólo supo elevar la voz buscando una respuesta que tardó menos de un par de segundos, pero que pareció que tardaba horas en llegar.

—Tiene una llamada, padre.

—¿Una llamada? ¿De quién?

—Lo llaman de la Embajada estadounidense.

—La Embajada de Estados Unidos…

—Sí…

—¿El embajador? —preguntó Tojeira, que se había levantado de la cama y buscaba sus sandalias para salir—. ¿Llama el señor Walker?

—No. Pero me dijo que era de parte del embajador. —Tojeira caminó hacia la puerta y abrió.

—Ahora voy —dijo y caminó hacia la oficina cercana que le señaló su compañero.

Quien llamaba era Richard Chidester, asesor legal de la Embajada estadounidense en San Salvador.

—Disculpe la hora de esta llamada, padre, soy Richard Chidester, asesor legal de la embajada. Creímos de especial urgencia llamarle en referencia al caso de Lucía Cerna.

—Buenas noches. Sí, es un poco inapropiada la hora quizá, pero dígame de qué se trata.

—Estaba reunido con el embajador Walker y decidimos llamarlo de inmediato dada la inminencia del viaje de la señora Cerna. Creemos, padre, que es conveniente que alguien de la embajada acompañe a la señora Cerna en su viaje a los Estados Unidos.

—Necesario. No sé si es necesario —contestó Tojeira—. Ella va con su familia y en Miami la estarán esperando algunos compañeros de la Orden.

—No es más que un acto de buena voluntad, padre —aseguró Chidester—. Yo mismo acompañaría a la señora Cerna hasta Miami y la ayudaría con todos los trámites de migración. En estos días ya no es tan simple hacer eso y yo podría facilitar las cosas. No quisiéramos que tuviera ningún problema para entrar al país. Tenga en cuenta que nadie sabe quién es ni la importancia que tiene esta mujer en este caso. Para un policía de aduana, que desconoce cualquiera de estas situaciones, poco importará quién es Lucía.

—Bueno, sí, le concedió Tojeira, en realidad sería terrible que tuviera algún tipo de problema y la obligaran a volver.

Miles de ciudadanos salvadoreños viajaban año tras año a los Estados Unidos para intentar quedarse, huían de la guerra para buscar el sueño de una vida de comodidades que en su país no existía. Desde finales de los años 70, el éxodo se incrementó y una década más tarde la población de salvadoreños o centroamericanos en el país del norte iba en aumento. Debido a ello, las condiciones migratorias se volvieron cada vez más complicadas y ya para entonces adquirir una visa estadounidense se convirtió en una rareza. La ilegalidad se hizo cotidiana y cada vez hubo más indocumentados. En ese contexto, con los policías de aduana haciéndose cada vez más duros en busca de visas falsas en los aeropuertos o patrullando las fronteras terrestres, Tojeira creyó que lo mejor era acceder al pedido de Chidester.

A la mañana siguiente, Lucía llegó a la Embajada de Francia para seguir con su declaración. Se pidió al juez que no se extendiera mucho, pues Lucía tenía que subir a un avión en unas horas. Lucía sabía a lo que se enfrentaba, pero trató de estar tranquila, y lo estuvo al menos las primeras horas, pero empezó a inquietarse en cuanto se acercó el tiempo de marcharse y los fiscales seguían con sus preguntas y no parecía que fueran a parar. Los embajadores esperaban, nerviosos. Tojeira llamó a la aerolínea y les explicó que había una persona importante que debía viajar y que estaba ante el juez prestando declaración. Los de la Compañía le aseguraron que su avión no despegaría hasta que esta persona llegara. Se quedaron más tranquilos. Pero la comparecencia duró mucho más de lo que supusieron y apenas tuvieron tiempo para llegar al aeropuerto.

El aeropuerto de Comalapa queda a una media hora de San Salvador. Se llega a través de una autopista que es la misma que se toma para viajar al oriente del país. Si se atravesara estos días, encontraríamos algunos sitios para comer, hoteles, grandes pancartas y ventas improvisadas de cocos y otras frutas. En el trayecto siempre habría automóviles o autobuses e incluso algunas colonias nuevas a un lado y otro de la autopista, pero en ese tiempo la mayoría del trayecto era en medio de la desolación. Era habitual encontrarse retenes de soldados que detenían los autos que consideraban sospechosos o los autobuses, haciendo bajar a todos los ocupantes en busca de armas o de cualquier otra cosa que pudiera incriminarlos.

Cuando subieron al vehículo de la Embajada francesa, pidieron al conductor que acelerara y este hombre hizo lo que le habían pedido. En poco menos de veinticinco minutos se encontraban en el aeropuerto y si no los detuvo ningún retén fue por las placas diplomáticas de aquel automóvil pesado y aún así veloz. Lucía, su hija y su esposo se dirigieron de inmediato a la aerolínea, llegaron a la única recepción abierta en la que ya no había ninguna fila y alguien dijo: *Gracias a Dios.* Pero no les sirvió demasiado: el avión había partido.

—El avión se ha ido, señora —les soltó la operaria.

—Pero no puede ser, dijeron que iban a esperar.

—Lo siento, pero ha pasado más de una hora. Una hora es muchísimo.

—Pero dijeron que esperarían —dijo el padre Sainz—. ¿Ha levantado el vuelo ya?

—Sí, señor. Lo siento mucho pero no podía esperar más, estaba casi lleno.

—Pero fue lo que nos dijeron. Esta mujer no puede quedarse sin volar.

—Lo siento señor, pero no podemos hacer nada.

—¿Y algún otro vuelo sale hoy?

—No, señor, el próximo es en dos días.

—Dos días… Dos días. Pero no puede ser. Es que no puede ser.

—Lo siento, señor, pero no podemos hacer nada.

Ni Lucía ni su esposo decían nada y la hija miraba hacia afuera con insistencia, hacia unos soldados que se encontraban diseminados por todo el lugar. También vio un camión del ejército estacionado al fondo y varios soldados alrededor, algunos sentados, apoyados en las palmeras frente al estacionamiento. Se les quedó mirando por mucho rato y apenas escuchaba la discusión con la mujer de la compañía aérea, que se desarrollaba detrás de ella. Sólo observaba los movimientos de los soldados, los miraba reír o fumar. Todo parecía apacible y la chica pensó si en verdad esos que veía serían capaces de hacer algo como asesinar a los sacerdotes, o si alguno sería de esos que su madre decía haber visto entrar en la universidad. En esos pensamientos andaba cuando una palabra que conocía de las películas la sacó de su letargo: **FBI**.

7

A Lucía y su familia los acompañaron al aeropuerto tanto el embajador Walker como el embajador Cádiz, además del padre jesuita Fermín Sainz, que había estado presente en los interrogatorios con el juez Zamora, y un hombre llamado Bernard Kouchner, ministro de Salud y de Ayuda Humanitaria de Francia. Fue Kouchner quien sugirió una solución para el vuelo de Lucía. Todos tenían claro que era demasiado arriesgado dejar un día más a aquella mujer en el país. Kouchner dijo que llamaría a la base francesa en Belice, donde había un avión del ejército francés, para saber si podía estar disponible para viajar a Miami. En las oficinas del aeropuerto le facilitaron un teléfono para que llamara, y mientras lo hacía, se reunieron con Lucía y los otros el señor Chidester y un hombre llamado Ed Sánchez, a quien presentó como un agente del FBI. Chidester le dijo a Sainz que ya había comunicado a Tojeira que acompañarían a Lucía y su familia, y Sainz le contestó que ya estaba informado de esa conversación, y que como el padre Tojeira no tenía impedimento al respecto, él tampoco, aunque no esperaba que alguien del FBI estuviera inmiscuido en el viaje y le pidió una explicación. *Entienda usted que no es una situación fácil y que hay que proteger a la testigo,* aseguró Chidester. También le dijo que aquel viaje era sólo un inicio y que, incluso estaban considerando dar a Lucía y a su familia una identidad falsa, dado que no se sabía con exactitud quiénes estaban detrás del crimen de los jesuitas. Mientras conversaban, llegó el señor Kouchner y les comunicó que todo estaba arreglado, que en unas horas recogería a Lucía el avión francés. Chidester comunicó al diplomático que ellos acompañarían a la señora Cerna.

—Eso no creo que sea conveniente.

—Lo es sin duda —dijo Chidester—, tiene mucho que arreglar en la aduana, la situación es muy compleja.

—Eso podría entenderlo si viajara en un avión comercial, pero volará en un avión de la fuerza aérea francesa. Eso cambia el panorama completamente.

—Podrá cambiarlo en su opinión, pero ella es una persona salvadoreña, no francesa, y nadie en la oficina de migración será conocedora de la situación de este país y de la importancia de esta mujer. Tenemos la obligación de protegerla.

—Es así, señor Kouchner —dijo Walker—. Nuestra labor es solamente proteger a la testigo y asegurar las condiciones de la llegada a nuestro país.

—Nadie mencionó antes que se inmiscuiría el **FBI** —dijo Kouchner—, eso me deja intranquilo.

—¿Intranquilo? Al contrario, debería tranquilizarlo —le respondió Chidester.

—No me crea ingenuo, señor Chidester.

—Nuestra labor es asegurar a la testigo —insistió Chidester—, se lo aseguro como antes se lo he asegurado ya al padre Tojeira. Es un tema muy importante para nosotros.

—Lo es para todos y espero que no haya más problemas. Ya esa mujer ha pasado unos días muy tensos.

—No pretendemos otra cosa que no sea que esos días acaben y pueda tener una estancia tranquila. Nada más —afirmó el asesor legal de la Embajada estadounidense. Aquella discusión duró unos minutos hasta que finalmente Kouchner aceptó que Chidester y Sánchez viajaran en el avión junto a Lucía. Después de unas horas, todos subieron al avión francés y tuvieron un vuelo agradable. Lucía sabía que en Miami la esperarían unos jesuitas cubanos que la llevarían a su casa por unos días, antes de viajar a California, donde se hospedaría de manera permanente. Eso la tranquilizó.

Además, con la compañía del señor Chidester era seguro que no tendrían problemas con los agentes de migración y quiso creer que finalmente había logrado dejar atrás la sombra de los últimos días.

Como había imaginado, no hubo problemas en migración. Al salir, la esperaban los dos jesuitas que Tojeira le había dicho. Tenían unos carteles con su nombre y ella los saludó con la mano. Ambos se acercaron, la saludaron con amabilidad, con palabras consoladoras para una mujer que se veía cansada por la tensión de los últimos días, en los que había dormido unas pocas horas cada noche. Fue entonces cuando intervino el señor Chidester:

—Señores, buen día.

—Él es el señor Chidester, de la embajada —dijo Lucía. Los jesuitas lo saludaron.

—Hay fuerzas muy poderosas, las mismas que mataron a los padres, que quieren matar a esta mujer —les advirtió Chidester—. Si la alojan en su casa, tenemos el temor de que pueda repetirse lo que pasó en la UCA, que los maten a ustedes y a ellas. Lo mejor es que el agente Sánchez los lleve a un hotel por unos días, a ella y a su familia, por supuesto, y así podremos evaluar el riesgo de la testigo. Ustedes pueden ir a visitarla. Pero les soy claro sobre qué es lo mejor y qué no lo es.

Dice Tojeira que aquellos cubanos mordieron el anzuelo demasiado fácil.

—Eran de Cuba —me dice—, y cuando les hablaron de fuerzas poderosas que persiguen a ciudadanos no lo pensaron dos veces. Además, como este hombre había llegado con ella en el avión, algo de confianza les dio. Así que la dejaron con el FBI y al volver a su casa llamaron y me comunicaron que Lucía había llegado bien, que no había tenido problemas con Migración y nada más. Y nos quedamos tranquilos.

—¿No dijeron nada más?

—No. Nada más. Sólo nos dimos cuenta de lo que sucedía días después.

Lucía y su familia fueron llevados a un alojamiento del FBI. Los instalaron en una estrecha habitación con una ventana que daba hacia la calle pero que estaba sellada. Había dos camas con sábanas usadas y un baño con dos toallas, un rollo de papel higiénico y pasta de dientes, pero sin jabón para lavarse. El aire acondicionado estaba conectado todo el día y la primera noche pasaron frío. Bajaron la temperatura más de lo conveniente para ellos. Durmieron en una misma cama, la madre abrazada a la hija, bajo todas las sábanas que encontraron. Desayunaron sin salir de la habitación. Cerca de las nueve, el agente Sánchez fue a buscar a Lucía para lo que llamó una *entrevista*. Las entrevistas con ella se repitieron hasta cinco veces al día. Hubo también algunas para su esposo.

El día viernes sucedió algo desolador. Al entrar en la habitación donde la interrogaban, Lucía se encontró a un compatriota suyo, el teniente coronel Manuel Rivas Mejía, jefe de la Unidad Ejecutiva de la Fuerza Armada salvadoreña. Aquel hombre estaba de pie hablando con Chidester. Miró a Lucía sin saludar. Lucía pensó en su hija, había oído demasiadas historias sobre torturas por parte de los militares salvadoreños, no quería que nadie tocara a su hija. ¿Qué haría si algo así ocurriera? Sabía que no podía hacer nada, no podía ayudarla a escapar. O sí.

Lucía se sentó en su silla, que ya era habitual, y Rivas en la silla del entrevistador. Un hombre entró y puso un vaso de agua junto a Rivas y le anunció que estaba fría. Rivas dijo que estaba bien y bebió un sorbo y señaló que no había dormido mucho, que la cosa seguía jodida, que le caía bien el agua. Sacó un pañuelo y se secó la frente, aunque no parecía sudar. Y empezó.

—Ajá… ¿No vas a reconocer que eres una mentirosa?

—Yo no soy ninguna mentirosa —dijo Lucía, apenas, y detestó que su voz se hubiera debilitado, como toda ella, para convertirse en casi un susurro.

—Allí están bien jodidos tu marido y tu hija, ¿no te da pena con ellos? Podían andar por las calles de Miami felices y se tienen que quedar aquí porque tú no quieres reconocer que no viste lo que dijiste que viste.

—Yo he dicho lo que vi.

—Si te dijeron que dijeras eso. Reconócelo, mujer.

—¿Y qué quiere que le diga, si yo vi lo que vi?

—Yo sólo quiero que digas la verdad, que reconozcas que mentiste, que fueron los jesuitas los que te dijeron que dijeras que habías visto soldados. Si no reconoces eso te van a deportar. Vas a volver a El Salvador. Y ya sabes lo que te va a pasar allá. Y no sólo a ti, a ti y a tu familia. Porque sí sabes lo que te va a pasar cuando llegues a El Salvador. ¿Sabes o no sabes?

—Me lo imagino.

—¿Qué vas a decir? Vas a decir que eres una mentirosa. Porque eso eres. Y si dices eso, no nos va a importar, no te va a pasar nada, te vamos a dejar libre. Miami es bien bonito y prefieres estar aquí. Qué idiota.

No pasaron hambre, porque les daban de comer tres veces al día. Tampoco tuvieron que dormir en el suelo, así que no podían decir que estaban en una cárcel, pero estaban encarcelados. Cuando su hija le preguntaba, Lucía le aseguraba que seguro que pronto estarían por allí, andando en las calles de Miami con los amigos del padre Tojeira, y su esposo le decía que sí, que seguro así sería, pero ni Lucía ni su marido creían en lo que decían a su hija. Ni siquiera sabían si alguien en San Salvador estaba enterado de que ellos estaban presos, secuestrados por el FBI. Lucía se cuestionaba sobre qué sería lo mejor, si decirles lo que querían escuchar o mantenerse en lo dicho. Estaba llena de dudas. Incluso no estaba segura de lo que pasaría si les dijera lo que querían escuchar. Es cierto que podían dejarlos salir, pero ¿y si en la calle alguien los asesinaba?

Lucía había oído muchas veces decir que lo mejor que podía pasarte cuando estabas en un país extranjero era encontrarte un compatriota, se lo había oído decir a muchos que vivían en Estados Unidos y venían de visita, también a una prima que vivía en Canadá y a un amigo del padre Joaquín López que había llegado de Francia, pero para ella reunirse con un compatriota estaba siendo una pesadilla terrible. Sólo tenía una certeza: que acabaría pronto. Y lo sabía porque no podía resistir más.

8

—¿Sabes cómo son los curas? —preguntó Rivas al esposo de Lucía.

—¿Y cómo son?

—Los curas son unos cabrones. Unos cabrones con las mujeres que los atienden. Siempre han tenido mujer, porque eso de la castidad es mentira. Las mujeres de los curas siempre son las que los atienden, las que les hacen el cafecito y les arreglan la cama. Y los peores son los curas españoles. Ese Segundo Montes dicen que era terrible con las mujeres. ¿No sabías?

—Yo no sé nada de eso.

—Segundo Montes y el psicólogo, ese Baró. Todos saben que en la oficina las agarraban y se las cogían. Es que todo el mundo sabe eso. Si no se andaban escondiendo. Así que ya sabes lo que pasó con tu mujer. Porque esos se cogieron a tu mujer. Y tú sabes que es así.

—¿Y qué quieres que haga?

—Si yo no te digo que hagas algo, sólo te digo lo que pasó. Seguro que hasta a los viejitos se las ha de haber jalado. ¿O no sabes cómo son los curas? Suerte vas a tener si esa hija que tienes es tuya. Yo muy parecida a ti no la veo.

—Sí que son una mierda ustedes.

—No, los que son mierda son los curas. Yo te lo estoy diciendo por eso. Ay muchacho, muchacho, muchacho, no seas ciego. Si se cogían a todas las empleadas, ahora resulta que a todas menos a tu mujer. ¿Crees eso de verdad?

—Yo no sé nada.

—Pues si no lo sabes, nosotros sí. Hasta los seminaristas se las cogían, no digamos los viejos. Y esos viejos españoles eran potentes. Yo sólo te digo eso.

Aquel hombre, el coronel Rivas, mantenía una frialdad y una calma que lo único que mostraban era que había hecho aquello en muchas ocasiones. Una y otra vez trataba de atormentar a Jorge Cerna. Además, lo acusaban de pertenecer al FMLN, a un comando urbano guerrillero, y le decían que a ellos no les importaría olvidarse de eso, siempre y cuando su mujer dijera la verdad. Aunque la actitud del señor Cerna fue combativa al principio, con los días su ánimo y su furia contra la situación mermaron y pronto ya no respondía a lo que le decían. La confusión y la duda empezaron a nublar su cabeza. Lucía notó que su esposo estaba distinto, silencioso. Ya no le daba ánimos, y se sintió perdida.

—¿Y ustedes aún no sabían nada, padre? —le pregunto a Tojeira. ¿Ni una sospecha?

—Al principio nada, pero luego sí. Cuando los jesuitas que iban a recibirla en California preguntaron por ella, nos enteramos de que no estaba en la casa de Miami. Empezamos a movilizarnos, a hacer llamadas, a denunciar lo que estaba pasando. Incluso el arzobispo Rivera denunció que Lucía había sido secuestrada en Estados Unidos por el FBI y que era sometida a tortura psicológica.

—¿Y hubo respuesta a lo que dijo el arzobispo?

—Sí. Le respondió nada menos que el propio presidente, que entonces era Bush padre. Lo que Bush dijo fue que en Estados Unidos se respetaban los derechos humanos. Y claro, lo dijo como respuesta a monseñor Rivera.

—¿Y pasó algo?

—Bueno, sí. Sí pasó.

Unos días más tarde, las autoridades estadounidenses facilitaron a la prensa una información sobre la testigo, unas nuevas declaraciones brindadas al FBI. En ellas, la testigo afirmaba lo siguiente:

Lo que dije entonces me lo dijo María Julia Hernández de Tutela Legal, ella me dijo que dijera lo de los soldados. Ella me pidió que mintiera. Yo no vi nada. Nada.

9

—Todas las veces que la sometieron al polígrafo —me cuenta Tojeira—, salió que decía la verdad. Todas menos en una: esa donde aseguraba que no había visto nada. Cuando dijo que vio soldados a la luz de la luna, cierto. Cuando afirmó que no los había visto, mentira. Pero de eso no dijeron nada los gringos, de eso nos enteramos después, en el juicio, con los documentos que se desclasificaron.

—¿Pero qué fue de esta mujer, la soltaron?

—Afortunadamente, sí. La soltaron. Ya nosotros la acogimos y tratamos de hacer todo lo posible con ella.

—¿Y aún vive lejos?

—Sí. No volvió a vivir en El Salvador. Hizo su vida allá lejos y me gusta pensar que ha sido una vida mejor de la que hubiera podido tener aquí. Con otras oportunidades, con otra comodidad. Y está bien. Es una mujer admirable. Muy valiente. Ya ves que pasó días muy duros y no se dejó vencer, porque ella siempre ha sostenido su testimonio original, que vio lo que vio esa noche. Eso no lo cambió, salvo aquella vez que la obligaron.

—Y ese fue el comienzo.

—Sí. Ese fue el comienzo de la lucha por hacer justicia. No iba a ser fácil. Esas fuerzas de las que había hablado Chidester eran reales, reales y temibles. Lo que pasó con Lucía nos hizo despertar un poco más. Nosotros queríamos lograr que los responsables del asesinato fueran a juicio. No era poco, porque eso no había pasado nunca. Los militares habían actuado siempre con total impunidad en el país. Pasó así con las masacres del Mozote y el Sumpul, e incluso con la más grande de todas, cuando mataron a esos miles y miles de campesinos en el 32.

—La época de Martínez.

—Sí, el dictador Martínez. Nunca hubo un juicio. Nunca hubo nada. Ni un solo culpable. El ejército no se ha podido tocar y nosotros queríamos tocarlo.

—¿Y en ese momento la versión del ejército era negarlo todo?

—Negarlo todo. Negarlo concienzudamente todo e inculpar a la guerrilla. Así que debíamos luchar contra el momento presente y contra la historia. Pero no teníamos miedo. Estábamos convencidos de que debíamos intentar llevar a la justicia a los asesinos.

—Vaya convicción.

—Era lo menos que podíamos hacer.

—¿Y habla alguna vez con Lucía, padre?

—Sí. Siempre hemos mantenido el contacto. Han pasado ya más de dos décadas, dos décadas y media, y siempre de vez en cuando le hago una llamada.

—¿Y está bien?

—Sí. Está muy bien. Muy bien. Es una mujer fuerte.

—Eso es una buena noticia.

—Lo es, sí. Sin duda que lo es.

—Pero dígame, padre, ¿qué sucedió después, qué sucedió cuando llegó ese diciembre del 89?

—Lo que sucedió fue una película.

—¿Una de terror?

—La de terror ya había pasado. Ahora tocaba una de espías. Algo sombrío como cuando estás bajo una nube de tormenta.

Cuarta parte

1

El nombre del niño era Juan, como su padre, y su madre se llamaba Sara. Juan tenía siete años cuando las monjas que visitaban su caserío le dijeron que en noviembre llegaría monseñor para celebrar la comunión. No importaba que la iglesia estuviera en ruinas porque la misa se celebraría en algún descampado. Aquella noticia llegó en octubre. El caserío donde vivían se llamaba Las Moras. Era pequeño, con poco más que unas veinte casas reunidas a la vera de un río en la ladera del cerro El Pital, una montaña situada en la frontera entre El Salvador y Honduras, donde aún caminan los gatos salvajes y la niebla no abandona los bosques de pinos al amanecer y al atardecer durante todo el año. Es un lugar frío y distante de casi todo y más lo era entonces, porque no existía ninguna carretera que llegara hasta allí. Tan sólo un camino vecinal, de tierra, no más ancho que una carreta tirada por bueyes. Las casas del lugar eran de bahareque, que es una mezcla de cañas o bambú con barro. Sus techos podían estar hechos de muchos materiales, pero sobre todo de lámina. En el invierno, cuando las grandes tormentas azotaban el lugar y los vientos eran como pequeños tornados, había que proteger aquellos techos poniéndoles encima piedras, o lo que fuera: bolsas con tierra, restos de macetas de barro, algunas tejas, cualquier cosa que les sirviera como sostén, pues no estaban atornillados ni clavados a nada. En muchas ocasiones la fuerza del viento los arrastraba como pañuelos.

Cuando llegó noviembre, supieron que monseñor llegaría un viernes. Aquella noticia se tuvo el sábado, así que les quedaba menos de una semana para organizarse, lo que no fue en realidad demasiado complicado. Tres familias cuyos niños iban a hacer la primera comunión pusieron una gallina cada una, y otra mujer, cuya nieta también participaría, puso un pato. Entre las cuatro familias organizaron una comida para monseñor. También asistirían niños de los caseríos aledaños, pero ellas no podían hacerse cargo de organizar algo tan grande, porque no tenían ni dinero ni animales suficientes, así que el almuerzo sería sólo entre las familias de su propio caserío, y ni siquiera todas ellas.

Cuando llegó el día, muy temprano por la mañana, la madre de Juan fue con sus hijos hasta el río y se bañaron y ella los obligó a asearse el cabello con jabón de olor. Habitualmente, se lavaban con jabón de cuche, llamado así porque estaba hecho a base de grasa de cerdo. Aquel jabón desprendía un olor que los chicos detestaban, pero al que la madre se había acostumbrado. Para una ocasión como aquella, una comunión que, además, contaría con la presencia de monseñor, valía la pena comprar un jabón de olor en el mercado. Juan tenía tres hermanos mayores, de dieciocho, dieciséis y catorce años. Sus padres habían perdido dos niñas, que tendrían doce y once, y un niño que tendría nueve, que nació vivo pero murió a los dos días, todos creían que de mal de ojo, un mal causado por un hombre que estaba de paso y que se había quedado una semana en casa de unos vecinos. Aquel hombre tenía una *mirada fuerte* y había visto al bebé antes de marcharse, durante una visita a la casa para desearles suerte con el niño. Les había recomendado que tuvieran cuidado con los mosquitos porque había una epidemia de dengue, que pusieran a quemar una rama de ocote para que el humo los alejara. Después de eso se marchó. Aquel episodio había sucedido temprano, antes de las ocho de la mañana. Antes del amanecer del siguiente día, la criatura había muerto.

Con la muerte de ese niño pensaron que no tendrían más hijos, así que cuando nació Juan creyeron que era un milagro de Dios, no sólo porque había llegado al mundo con vida sino porque al nacer sufrió de fiebres por una semana y sin embargo no murió.

Después de su visita al río, Sara vistió a Juan con una camisa blanca, traída también del mercado, y aunque no estrenó ni el pantalón ni los zapatos, pues calzó con sus sandalias de siempre, la camisa blanca y nueva lo hizo distinguirse entre los otros niños.

Monseñor era monseñor Romero, y en aquel tiempo no había necesidad de decir cuál de los monseñores era pues mucha gente sólo reconocía a uno. Llegó cerca de las once y dio la misa al aire libre. Pusieron una mesa y una silla y aquel hombre habló sobre las bienaventuranzas y también sobre lo privilegiados que eran de vivir en el campo, bajo la luz de las estrellas, porque en la ciudad nadie podía ver tantas estrellas, y también tan cerca del río, porque en la ciudad había ríos pero todos estaban sucios y nadie se atrevería a bañarse en ellos. Por último dijo que en cada cosa del campo se podía ver a Dios, en el sonido de los pinos, en la niebla que bajaba de la montaña, en los escarabajos amarillos que caminaban en las hojas o en los campos de flores. Todos lo escucharon como se escucha el consejo de un padre verdaderamente amoroso. Cuando dio la comunión a los niños, besó en la frente a cada uno. Al acabar la misa los despidió dándoles la bendición y conversó con las personas que se le acercaron. El padre de Juan le dijo a su mujer que ese Romero no era como los curas que vivían en San Salvador, que nunca se bajaban de los carros, y la mujer le dijo que era verdad, y que era una suerte que al niño le hubiera dado él la comunión, que ya sabía ella que ese hijo suyo había nacido bendecido y que aquello era una prueba más. Cuando la gente de los otros cantones se marchó, monseñor acompañó a todos frente a la casa de una de las familias, en donde habían puesto unas mesas y unas sillas, bajo una enorme ceiba cuyo follaje era tan extenso y sus ramas tan anchas que monseñor dijo que parecía una montaña invertida o una colina puesta de cabeza. Se sentaron y Romero no quiso presidir la mesa. Le ofrecieron refresco de horchata y él les preguntó si tenían un guacal de morro. Unas mujeres le dijeron que tenían tazas y vasos de barro y a él le pareció bien un vaso grande. Poco después sirvieron una sopa de gallina y comieron y hablaron como hablan los viejos amigos. Muchos le preguntaron sobre San Salvador, otros sobre su vida en San Miguel, y alguno le preguntó si había viajado a Roma. Monseñor respondió a todas sus preguntas y dijo más de una vez que la sopa estaba realmente deliciosa y las mujeres estuvieron felices de escucharlo. Casi al final de la comida, Juan le preguntó si sabía algo de la finca del Gringo.

—¿Qué finca? —preguntó monseñor.

—Hay un gringo —dijo el padre del niño—, que tiene una finca donde guarda unos monstruos disecados y cobra cinco centavos por enseñarlos.

—¿Monstruos? ¿Qué monstruos?

—Sí —aclaró el niño—. Dicen que tiene un hombre de tres metros, y que es todo peludo.

—Pues animales —agregó Juan, el padre—. Animales raros y ese hombre peludo también.

—Mira que esas cosas no se conocen por donde vivo —dijo monseñor—. ¿Y dan miedo?

—No sé —respondió el niño—, pero mi mamá dijo que cuando hiciera la comunión me iba a llevar, así que ya casi voy a saber.

Después de la comida, monseñor dio un paseo con quienes quisieron acompañarle, que fueron casi todos los del almuerzo. Caminaron hasta el río y se sentaron en las piedras y se inclinó para mojar sus manos. No era un río demasiado caudaloso. Sus aguas eran frías pues era aquella una zona montañosa y les dijo monseñor que cuando ya fuera un anciano, si es que llegaba alguna vez a ser un anciano, quería vivir cerca de un río y caminar todas las mañanas para rezar mientras escuchaba el sonido del agua, que era como música.

Media hora más tarde, monseñor dijo que tenía que marcharse y se despidió abrazando a todos y volviendo a besar a los niños en la cabeza. Dijo que volvería, y aunque nadie le creyó porque en realidad las personas no vuelven a ese tipo de lugares olvidados en el campo, entre las montañas, aquel hombre sí volvió y lo hizo cada seis meses o cada año. Volvió para celebrar misa y darle la comunión a otros niños y la gente le tomó un cariño especial a aquel hombre, que cada vez que los visitaba comía con ellos y caminaba a su lado hasta el río y no le importaba quitarse los zapatos y andar descalzo entre las piedras o consolar a algún borracho impertinente que se acercara o beber horchata o limonada y les hablaba como se habla a los iguales. Todos pensaban que era un buen hombre, y quizá lo era, porque no dejó de visitarlos incluso cuando lo nombraron arzobispo de San Salvador y empezó a salir en los periódicos y en la radio con más frecuencia. Pero eso sucedió años más tarde, y aquel día, cuando Juan tenía siete años, ni siquiera podía sospecharse algo así.

2

El lunes siguiente fue un día de mucho movimiento. Los tres hermanos mayores viajarían al occidente del país, a trabajar como recolectores de café. Ellos vivían en el norte, en Chalatenango, pero las fincas más productivas de café estaban en Ahuachapán y llevaban ya tres años yendo a trabajar a aquellas montañas, a un lugar que se llamaba Apaneca, donde se ganaba mejor, según habían comprobado. Salieron a las cuatro de la madrugada, junto a otros del caserío, jóvenes como ellos. Sus padres los despidieron en casa, después de tomar café y desayunar plátanos asados en las brasas. Cuando Juan despertó debían de ser poco más de las cinco y su madre le dijo que sus hermanos ya se habían ido. El niño le preguntó que por qué no lo había despertado para despedirse. La madre no respondió. Más tarde, cuando Juan tomaba su café sentado en una silla junto al fuego donde la olla estaba puesta, le recordó a su madre que le había prometido llevarlo a la finca del Gringo en la montaña y ella le dijo que sí, que iban a ir ese día, que fuera a bañarse y que no tardara porque tenían mucho que caminar.

Una hora más tarde, salió con su madre rumbo a la finca donde ese hombre extraño, el extranjero de bigote blanco y pelo blanco y piel casi transparente, dejaba entrar a su museo a cambio de cinco centavos, lo que era una fortuna. Anduvieron por el camino de tierra. Había guijarros por todos los sitios y restos de mangos en el suelo y excrementos de vacas. A la vera del camino encontraron una carreta y a un hombre junto a ella, que los saludó levantando la mano. La carreta estaba vacía, salvo por un perro que dormitaba dentro, y el hombre estaba sentado bajo un árbol de mango, recostado entre las raíces, bebiendo agua de un tecomate. La señora Sara le preguntó cuál era el camino de la finca La Gloria.

—Allí recto —respondió el hombre.

—Está bien —dijo la mujer.

—¿Van a ver al gigante de tres metros? —preguntó el hombre.

—A eso vamos, sí —respondió el niño.

—Yo vi uno una vez, uno de esos, pero estaba vivo. Lo vi allá llegando a Honduras.

—¿Uno de tres metros?

—Lo tenían en una jaula —explicó el hombre.

—¿Y hablaba?

—Hablaba, sí. Pero cuando lo vi ya se estaba muriendo, le habían disparado. Había atacado a la mujer del patrón de la finca donde lo tenían.

—Pero este está muerto —aclaró Sara.

—Mejor —dijo el hombre, y giró su rostro a la derecha y escupió.

—¿Pero qué le había hecho a la señora del patrón? —preguntó el niño.

—Le había arrancado la mano. Eso me dijeron.

—¿Le había mordido?

—Sí. Y le habían pegado dos tiros, para que la soltara. Estaban esperando al patrón para que fuera a matarlo.

—¿Y llegó?

—Sí, al día siguiente. Y lo mató a machetazos. Eso lo vi yo con estos ojos.

Se habían detenido junto a la carreta y cuando el hombre dijo lo de los machetazos Sara pensó que tenían que volver pronto y que mejor seguían, así que se despidieron de aquel hombre y continuaron. Después de unos tres kilómetros de caminata encontraron la finca. La entrada estaba flanqueada por dos ceibas. Clavado a una de ellas había un rótulo con letras blancas que decía *La Gloria*, y enclavada entre ambas había una reja sin pintar que no estaba cerrada. La abrieron y pasaron bajo los follajes como quien pasa bajo una ciudad. Anduvieron un buen rato por un camino con sus lados llenos de arbustos de no más de un metro de alto. En medio de ellos, cada dos o tres metros, había faroles de gas. Pronto llegaron a un lugar sin árboles ni arbustos, una extensión de terreno cubierto de grama donde había cabras y vacas y ovejas pastando o echadas. La madre notó que no había perros y eso era una suerte pero sin duda algo inusual porque en todos aquellos sitios en el campo siempre los había. El camino daba un recodo y se encontraron un puente de madera y un río bajo el puente y más allá una extensión de terreno cubierta por pinos puntiagudos. La brisa allí era dulce y bajo los pinos la mañana se extinguía, se ensombrecía, y parecía como cuando está a punto de llover.

Muy pronto llegaron a la casa grande, de piedra, y no parecía que hubiera nadie en el lugar, pues todo estaba demasiado silencioso y sin movimiento. Entonces vieron un perro. Estaba tumbado pero se puso a cuatro patas cuando los descubrió y ladró aunque sin moverse de donde se encontraba, junto a la puerta de la casa. Ellos dudaron si acercarse o quedarse quietos a la vera del camino. Vieron a un hombre que se asomaba a la ventana, y sobre su hombro se asomó una mujer, y el hombre dejó la ventana y salió y era el viejo de bigote y barba blanca y cabello blanco y piel casi transparente.

—Buen día —saludó—. El perro es inofensivo.

—Buenas tardes —le respondió Sara—, venimos a ver el museo.

El chico se quedó detrás de la madre, casi que protegiéndose tras ella.

—Bien, bien. Pero hoy es lunes y está cerrado.

—Pero tenemos los diez centavos —intervino el niño asomando la cabeza apenas.

—Sí —añadió Sara—, pues sí, tenemos los diez centavos. El hombre sonrió.

—Si eso no importa —dijo—. Vengan, vengan por aquí.

Los llevó a través de un camino de piedra de un metro de ancho que bordeaba la casa. El perro se había acercado y caminó junto al hombre de grandes bigotes.

—Y yo me llamo Helmut —se presentó mientras caminaba delante, dándose la vuelta para decir aquello y se detuvo y les dio la mano.

Helmut los llevó hasta una cabaña que se encontraba al final del camino de piedra y abrió la puerta y se paró bajo el marco y antes de entrar, les informó:

—Estos son mis tesoros. Los que acumulé durante años y años de mi vida en Alaska.

¿Sabes dónde es Alaska, niño?

—No —dijo el niño y la madre habría contestado exactamente lo mismo, pues no conocía ese lugar.

—Queda junto al Polo Norte —les indicó Helmut—. Es una tierra llena de maravillas y grandes monstruos y ahora van a ver algunos de ellos.

El museo era un salón amplio, de piedra y techo de madera en forma de cuchilla. Su tesoro más grande estaba en la parte central, en una especie de piscina rectangular donde se encontraba el cuerpo de un hombre enorme y peludo. Cuando la madre y el niño se asomaron para verlo, quedaron impresionados. Y no era para menos, medía tres metros y dos centímetros y era muy parecido a un gorila, pero ni la madre ni el niño habían visto jamás un gorila. Lo contemplaron por mucho tiempo, sus manos de dedos gruesos, sus ojos cerrados, los pómulos con pequeños granos formando una media luna bajo los ojos. La nariz achatada de fosas nasales redondas del tamaño de una moneda de cinco centavos y cubiertas de pelos. La frente amplia surcada por arrugas y la boca ancha, como inflamada, con los labios descoloridos, casi transparentes. Helmut les aseguró que lo había cazado él mismo, como casi todos los tesoros que había en su museo.

Además del gigante, vieron también un oso, que había sido puesto de pie y era también enorme. Tenía el hocico largo y los dientes filosos y las garras de treinta centímetros. Sobre una pared se exhibía colgada una gran cabeza de un alce. El señor Helmut les contó la historia de cómo había cazado estos animales. Les aseguró que con algunos de ellos no había tenido ni que esforzarse, pues los había encontrado durante una exploración a la llegada de la primavera, completamente petrificados, tirados en el campo.

—Petrificados quiere decir que estaban tiesos y muy muertos —explicó Helmut al niño. También les contó que el del centro no era un animal sino un hombre prehistórico, y que estos hombres aún habitaban en aquellos parajes desolados de Alaska en cuevas en medio de las montañas congeladas.

El chico estaba fascinado y no quería abandonar aquel lugar lleno de maravillas. Además de los animales, también había allí un mapa con más de mil años de antigüedad donde podía verse el mundo como era , y una lanza como la que los nativos de Alaska usaban para matar ballenas, y un traje ceremonial y una corona de plumas y un corazón de oro, que, según Helmut, era el de un hombre llamado Taimanini, un viejo héroe de las guerras de los hombres del norte contra los vikingos.

—¿Tenía el corazón de oro? —preguntó el niño.

—De oro puro —le respondió Helmut.

Dos horas más tarde salieron del lugar. La madre le dio dos monedas de cinco centavos al señor Helmut pero él le insistió en que no hacía falta, que ese día el museo estaba cerrado. La madre y el hijo le dieron las gracias y Helmut se sentó en una banca de madera que había junto a la entrada y dijo que por la noche seguro que haría frío. Ellos le dieron la razón. Empezó a contarles que Alaska era fría todo el año, y que era su lugar preferido en el mundo, el más bello, pero que ya no podía vivir en una tierra tan gélida porque su esposa estaba enferma y se habían tenido que marchar hacia tierras más cálidas. Para entonces llevaban más de diez años viviendo en aquellos sitios y como nunca habían tenido hijos, se alegraban mucho de que la gente llevara a sus niños a visitar el museo.

Estuvieron unos minutos más con aquel hombre y cuando Sara pensó que era suficiente, volvieron a darle las gracias por dejarles ver sus animales y sus otros tesoros. Le dieron la mano y el señor Helmut les invitó a que volvieran cuando quisieran. Ellos asintieron con la cabeza y empezaron a caminar y mientras lo hacían volvían a mirar y agitaban la mano para decir adiós al señor Helmut y a la mujer que se había asomado a la ventana. Después de un rato no volvieron a hacerlo más y apuraron el paso porque ya era tarde y en esa época del año oscurecía más temprano.

El niño recordaría ese día como el más feliz de su vida y no se olvidaría jamás del nombre de ese lugar tan extraño: Alaska.

3

Cuando Juan despertó ese 1 de enero, hacía casi cuatro años que su hermano mayor se había marchado a los Estados Unidos. Había sido un 29 de febrero, un día que casi nunca existía, así que no podían recordarlo como se recordaría cualquier otro. Medio año más tarde, el hermano que le seguía en edad lo había imitado en el camino hacia el norte y se habían reunido en la ciudad de Los Ángeles. Muy pronto consiguió un trabajo lavando baños en un sitio donde servían hamburguesas. Una o dos veces cada mes enviaba alguna carta en la que contaba que trabajar en el sitio de las hamburguesas era mucho mejor que recoger café en las fincas de Apaneca, pues se ganaba en dólares, y ganar dólares sin duda era algo, pues lo que se obtenía recogiendo café o sembrando frijol y maíz era nada. Su padre ganaba en un año lo que él en dos meses y mucho mejor estaba su hermano mayor, que trabajaba cortando la grama en los campos de golf de un hotel donde había conocido a Robert De Niro. Que quién era ese De Niro, había preguntado su madre. Un hombre que salía en películas, le respondió su hijo. En el caserío Las Moras no había cine, ni en los caseríos cercanos, ni en los cantones, ni en los pueblos vecinos, pero sí había uno en Chalatenango, y su padre había visto en una ocasión un cartel donde salía el tal De Niro, y un amigo le había dicho: ese que está en el cartel es el que es amigo de tu hijo. Ese mismo.

Las cartas repletas de buenas noticias hicieron que el tercero de sus hijos emprendiera el mismo camino. Y ese camino pasaba por un hombre que tenía un camión y se encargaba de llevar gente hasta los Estados Unidos. Cuando lo intentó, todo fue mal. Las fronteras no eran las mismas que cuando habían viajado sus hermanos, el flujo de inmigrantes indocumentados se había incrementado hasta lo indecible y las autoridades llevaban controles más severos. En uno de esos controles el camión donde viajaba el tercer hermano fue descubierto con su cargamento de inmigrantes, por lo que tuvo que pasar en una cárcel de El Paso, Texas, unos cuantos meses, antes de ser deportado. Por alguna razón desconocida, lo deportaron a México, a la fronteriza Ciudad Juárez, y no supieron más de él por cerca de dos años, hasta que, una mañana, recibieron una carta del hermano mayor comunicándoles que su hermano había aparecido en el hotel donde trabajaba, que estaba bien, que lo había pasado muy mal pero que estaba bien, que cuando se recuperara le conseguirían un trabajo. En la carta se contaba poco de lo que el tercer hermano había sufrido, pero las historias sobre inmigrantes muertos se volvieron bastante comunes en los cantones y en los caseríos y los pueblos y las ciudades de El Salvador. Eso fue lo que hizo que a Juan no le interesara tomar el mismo camino que sus hermanos. Eso y que la madre le pedía que por favor no se marchara tan lejos, que ella no lo soportaría. Juan hizo caso a su madre, así que no tomó ese camino, y para cuando llegó ese 1 de enero, en la oscuridad de la madrugada, mientras escuchaba el sonido de los leños ardiendo en la cocina, los leños sobre los cuales su madre ponía el comal para hacer las tortillas de la mañana, pensó que no quería dedicarse a sembrar, que en eso no se ganaba nada y que lo que a él le convenía era el cuartel. Que seguiría los pasos del hijo de la señora Lina, una vecina, cuyo hijo era ya teniente y era respetado por todos cuando llegaba de visita al caserío. Lo tuvo muy claro y esa misma mañana se lo comunicó a su padre y su padre le dijo que por él estaba bien, que a su madre no le iba a gustar porque la situación se estaba poniendo peligrosa, y ya se oían rumores de guerra en todo el país, pero que no tenía que hacerle caso siempre.

Y tal como le había dicho su padre, su madre detestó la idea, pero siempre era mejor que se fuera a un cuartel cercano a que se marchara tan lejos con sus hermanos mayores. Juan tenía 16 años y no entró en la milicia hasta los 18. Eso fue en el año de 1979, y la guerra civil estaba en ciernes. Entró al cuartel y los primeros seis meses no tuvo permiso para salir y su madre solía caminar hasta un pueblo cercano cada domingo, a unos veinte kilómetros por la carretera pavimentada, para llamarlo por teléfono. Le preguntaba cómo estaba y su hijo le respondía que cansado pero bien. Cada domingo Sara quería saber si lo iban a mandar a combatir, y él le decía que no, que era muy pronto, pero que no se preocupara, que le estaba yendo bien, que el capitán a cargo le decía que no había conocido a nadie que tuviera una puntería tan buena como la suya, que lo iban a mandar a un curso especial.

—¿Un curso de disparar?

—Yo qué sé…

—¿No dices que tienes puntería?

—Sí, pero no ha de ser sólo de eso. Ha de ser de eso y de otras cosas también.

—Que la Virgen te cuide, mi hijo.

—¿Y mi padre?

—Tu padre está bien. Lo dejé dormido en la hamaca.

—Dígale que cuando llegue vamos a ir a cazar un venado.

—¿Y te van a dejar llevar el rifle?

—No sé, pero la pistola sí.

—Cuídate mi niño, ¿me oyes? Cuídate mucho.

—Si qué me va a pasar, mamá. Si aquí no pasa nada.

—Tú cuídate.

—Sí mamá, sí.

4

Sara había escuchado campanas en la madrugada, atravesando el silencio de los cerros, y había tenido un presentimiento sombrío. Por ello le dijo a su marido que iba a ir a llamar a Juan, aunque no era domingo sino martes. Salió cuando el día clareó, caminó hasta el pueblo vecino de siempre, llamó y quien le respondió en el cuartel le dijo que su hijo no estaba, que lo habían enviado a San Salvador. Ella preguntó si había sucedido algo.

—¿Que no sabe lo que pasó?

—No sé nada —contestó ella, que ya estaba angustiada con la pregunta de aquel hombre.

—Les mataron a su monseñor —dijo el hombre que le había respondido.

—¿A Romero?

—A ese mismo.

—¿Y mi hijo dónde está?

—Que se ha puesto fea la cosa con esos guerrilleros *hijosdeputa* y han mandado a una unidad sólo por… bueno… para vigilancia.

Era marzo de mil novecientos ochenta y la mañana se volvió fría y Sara ya no supo si el frío venía de afuera o de dentro, pero deseó haber llevado algún suéter o al menos un chal para abrigarse. Comprendió por qué habían sonado las campanas tan temprano, qué era lo que anunciaban, y temió por su hijo. ¿Qué tenía que hacer en San Salvador? Tuvo miedo de que se acercara un enfrentamiento y su temor la volvió una sombra.

Cuando volvió al caserío, sus vecinos estaban sentados alrededor de una pequeña radio. Las mujeres lloraban sin aspavientos y los hombres escuchaban las noticias con la cabeza perdida en el suelo, aunque sin atreverse a llorar. Todos tenían aprecio a monseñor, les había dado la comunión a sus hijos, se había bañado en el río y bebido su horchata y almorzado con ellos muchas veces, aunque de la última vez habían pasado ya algunos años. Cuando fue nombrado arzobispo en San Salvador, ya no tenía tiempo para visitar el caserío, aunque las monjas, que continuaban visitándolos, les daban los saludos que les enviaba. Las monjas decían que solía llamarles por teléfono, y que cuando lo hacía, siempre pedía que les dieran sus saludos a la gente de Las Moras, y ellas recibían esos saludos con alegría genuina, como el saludo de un pariente que vive ya demasiado lejos para volver.

Lo lloraron como se hace con un familiar. Romero se había convertido en alguien importante no sólo para la comunidad que lo conoció sino para el país entero. Una figura que en cada homilía denunciaba la represión y la pobreza en la que vivía el país y se enfrentaba a las fuerzas políticas y militares. Aquel hombre había sufrido una transformación. O la sufría cada vez que hablaba durante la misa en la Catedral de San Salvador, cuando dejaba atrás al hombre dulce, apacible, y se convertía en un defensor de lo que llamaba *su pueblo*. Había anunciado que estaba amenazado. Había dicho que resucitaría en su pueblo si lo asesinaban. Y todos esos discursos eran escuchados por miles o cientos de miles, pegados a la radio cada domingo. Aquel día era martes y a Romero lo habían asesinado un lunes, mientras levantaba el cáliz para la consagración. Un disparo certero en el corazón había acabado con su vida de hombre y lo había convertido en un santo.

5

Al día siguiente Sara volvió al pueblo para llamar a su hijo, pero le dijeron que no había vuelto. Un día después no quiso volver a llamar, pero sucedió lo del entierro de monseñor y no pudo dormir en toda la noche. Durante la misa de cuerpo presente en la catedral, a la que habían asistido miles de fieles, tantos que la mayor parte de ellos tuvo que quedarse fuera del edificio, se desató un ataque del ejército. Francotiradores apostados en los tejados de los edificios aledaños dispararon contra la multitud. Docenas de personas huyeron por las calles vecinas y docenas también cayeron, abatidas por las balas. Desde abajo hubo una respuesta nimia de parte de miembros de la guerrilla, quienes, vestidos con ropas civiles, se confundían con la gente. Aún se conservan las imágenes de la televisión local donde puede verse a las personas tiradas en el suelo, detrás de los autos o intentando protegerse en los diminutos bordes de las calles. Aquel día hubo silencio en todo el país. El miedo ante lo visto y escuchado sumiría a la población en una sombra que no se había conocido hasta entonces.

En el caserío Las Moras, los vecinos oyeron por la radio lo que sucedía en la capital. Aquel día se habló poco. Se prohibió a los niños ir al río para bañarse y, llegado el atardecer, se cerraron las puertas. No hubo demasiados candiles encendidos.

Un día más tarde, Sara volvió a llamar a su hijo. Nada. No le dieron esperanza de que fuera a volver pronto. Como ella no podía hacer otra cosa, salvo insistir, decidió caminar hasta el pueblo vecino cada día. Esa insistencia le salvaría la vida diez días más tarde.

Como cada mañana, Sara había hecho su trayecto para llamar.

—¿No se sabe nada? —preguntó, otra vez.

—Estamos igual que ayer, no han regresado, pero sí tenemos noticias —dijo el soldado que la atendía por teléfono, con un tono que pretendía ser amable.

—¿Se ha sabido algo?

—Pues sí, yo he preguntado por su muchacho.

—¿Ah, sí?

—Ya le digo que sí, que está bien, a su muchacho no le ha pasado nada. Ha andado de práctica de tiro. Dicen que es bueno, que le ha pegado a todo lo que se mueve.

—¿Práctica de tiro? ¿Y para qué lo llevan a San Salvador a eso?

—Ha andado matando palomas en el centro. ¿Me entiende? Es que hubo plaga de palomas, como hay tanta iglesia, todo cagado tenían, así que ya ve.

—¿Pero no sabe cuándo va a volver? ¿Ha hablado con él?

—Yo qué voy a hablar con él. Yo no hablo con nadie, pero está bien, ya le dije que no se aflija por nada.

—Eso no se puede, ya ni duermo.

—Si quiere vuelva a llamar mañana. Haga lo que le venga en gana, total, no soy yo el que camina todos los días.

—Son mis pies.

—Y hoy que ha caído la primera lluvia están llenos de piedras los caminos, pero a mí qué me importa, son sus pies.

—Lo llamaré mañana.

—Lo que usted quiera.

Eran poco más de las once cuando Sara hacía el camino de vuelta mientras pensaba que el hombre del teléfono tenía razón, los caminos estaban llenos de guijarros y era muy incómodo andar. Ella calzaba unas sandalias de hule y si pisaba uno que tuviese una punta filosa podía sentirlo. Pero no podía hacer mucho, salvo seguir. Hubiera sido un paseo agradable de no ser por ese inconveniente, pues había brisa de lluvia y el olor a tierra mojada se extendía por todo el trayecto. Algunos trechos del camino eran rojos porque eran de arcilla y la lluvia de la mañana los había dotado de un color precioso. A ambos lados había pinos de grandes raíces y si hacía brisa, como hacía, silbaban más que los otros árboles. Pero ella sólo avanzaba con lentitud cuidando de no pisar los guijarros más filosos, sin dejar de pensar en su muchacho. Iba tan distraída en sus pensamientos que tardó en darse cuenta de las detonaciones y los gritos bajo ellas. Eran leves aún, apenas distinguibles. Incluso se detuvo para tratar de comprender y, aunque oyó con claridad lo que ocurría, siguió adelante pues no creyó lo que estaba pasando. Sólo supo que era real lo que había escuchado cuando vio correr a unos soldados en dirección a ella. Corrían por el camino, eran tres, y uno de ellos le dijo al pasar:

—¿Para dónde va?

—¿Qué pasa?

—Son los guerrilleros que vienen haciendo matazón por donde pasan. Mejor escóndase en el bosque…

Los soldados continuaron su camino y ella los observó correr hasta que se perdieron tras un recodo. Sara dudó en si debía seguir o no, estaba muy cerca de su caserío. Tenía un miedo terrible. Estaba de pie, sin moverse, cuando pensó que debía reaccionar, que no podía quedarse parada como una idiota. Como no se atrevió a seguir, fue hacia su derecha, salió del camino de tierra y se internó en el bosque de pinos, que se extendía unos cien metros en un terreno plano y bajaba en una débil inclinación. Caminó por el bosque, entre la oscuridad, pisando las hojas de alambre amarillas, húmedas, suaves, mientras rezaba como mejor podía. No había comido desde el desayuno pero tampoco sintió hambre. Lo que tenía era sed, pero pronto escuchó el sonido de un arroyo y se acercó. El cielo sobre las puntas de los pinos era gris como la panza de los gatos de monte envejecidos. Parecía que estaba por llover, el viento movía las ramas hasta casi quebrarlas y ella tenía que andar con mucho cuidado para evitar que alguna de las ramas más largas la golpeara, pues eran semejantes a látigos. El arroyo estaba en un descampado, más abajo, y Sara caminó sin mirar hacia dónde se dirigía. Cuando llegó a unos dos o tres metros descubrió que el agua no era transparente. Le pareció extraño ese color levemente marrón. Su primer pensamiento fue que la lluvia había enlodado esas aguas. Se detuvo a la vera del arroyo y el agua fría mojó sus pies y ella miró fijamente las piedras musgosas del fondo y supo que si lo seguía llegaría hasta el río que está a unos metros de su comunidad, y comprendió que no era lodo lo que llevaba el arroyo, era sangre.

Retrocedió y volvió al abrigo de los árboles. Estaba tan cansada que se sentó sobre un promontorio de hojas y rezó con los ojos cerrados. Parecía no querer abrirlos y por mucho tiempo no lo hizo. Sin notarlo, se quedó dormida. Cuando despertó, el día había cambiado, un crepúsculo rojo se extendía en el occidente y ya no hacía viento y sólo silencio había a su alrededor. Trechos de oscuridad se cernían sobre las montañas lejanas y bajo las ramas ahora inmóviles de los pinos. Se dirigió hacia el camino con el próposito de regresar a su hogar. A pocos metros de Las Moras, encontró los primeros cuerpos. Eran soldados, la mayoría de ellos tan jóvenes como su propio hijo menor. Parecía que habían querido huir, pues se hallaban boca abajo, con heridas de bala en la espalda o las pantorrillas o la cabeza. Mapas de sangre se desprendían de ellos y llenaban el camino y Sara tuvo que rodearlos para no mancharse. Después de un rato, ya con la oscuridad, llegó al caserío y vio que no había nadie fuera de las casas. Pero sí dentro. Oyó los sollozos que provenían de la casa de una mujer llamada Jesusa y se encontró que en el suelo, tirados, había diez hombres, entre ellos su marido.

—Mataron a todos los hombres —dice Sara más tarde, después de muchos años—. No a los viejos, ni a los niños, a los hombres que estaban en edad de pelear.

—¿Y fue el ejército o la guerrilla?

—La guerrilla. A veces era el ejército, y otras, quizá las menos, la guerrilla. Pero a los míos los mató la guerrilla.

—Pero usted dijo que vio tres soldados.

—Pudieron ser guerrilleros. Ya no lo sé.

—¿No lo sabe?

—No. Todo es muy confuso. Me mataron a mi marido, al padre de mis hijos, no sabe lo que es eso. Fue muy duro. Y todo es muy confuso porque en ese tiempo todo lo era. Un hermano era guerrillero y otro era soldado. Todos saben eso. Se podían matar entre ellos y no se sabía quién era quién… Era una guerra.

—Lo sé. Pero bien, dígame, ¿qué hicieron luego?

—Yo me fui de allí porque no podíamos quedarnos en el caserío, no se podía, nos advirtieron que no podíamos quedarnos, que iban a volver.

—Supongo que no sabe por qué les pidieron dejar el lugar.

—Nadie sabía nada y ellos no nos lo dijeron.

—¿Se marcharon para dónde?

—A un campamento adonde llevaban a refugiados, a gente como yo que se había quedado sin nada. Y allí había unas monjas y allí fue donde conocí al padre Segundo Montes.

—¿Él estaba al cargo?

—El padre Montes iba todos los fines de semana a la comunidad, y a veces también los días de semana, pero eso ya era raro. Si quiere que le diga la verdad, si no hubiera sido por el padre yo quizá no estaría aquí. Me hubiera pegado un balazo en la cabeza. A mí me hizo entender que tenía tres hijos y que no podía morirme.

Sara sonríe y se queda callada y parece que un recuerdo viene hasta ella. Me cuenta que el padre les explicaba que lo que ellos estaban sufriendo ya lo habían sufrido antes muchos otros. Que ellos habían tenido la suerte de estar en su país porque miles habían tenido que huir más allá de las fronteras y tenían que sobrevivir en campamentos en la selva y las montañas de Honduras.

—Era un hombre fuerte pero, no sé cómo, también era dulce. ¿Me entiende?

—Creo que sí.

—Era un buen hombre.

Segundo Montes había nacido en la misma tierra que Martín-Baró, Valladolid. Con sólo diecisiete años entró a la Orden de la Compañía de Jesús y poco tiempo después lo enviaron a Quito, Ecuador, a estudiar en la Universidad Pontificia. Ese fue su primer encuentro con Latinoamérica. Después de Quito viajó a San Salvador, a inicio de los años 70, y trabajó por mucho tiempo con los muchachos del colegio jesuita de la capital, el Externado San José. Dio clases allí de manera intermitente, pues durante muchos años realizó largos viajes para estudiar. Cuando se estableció en el país, llegó un tiempo en el que su vínculo con la UCA fue sacándolo del colegio y ya para los años 80 no volvió más. Las actividades universitarias ocuparon su tiempo por completo, y esas actividades no se reducían sólo a las aulas. Por entonces se interesó por los desplazados de la guerra y los migrantes y sus principales esfuerzos de investigación se volcaron en esa dirección. Visitó refugios de desplazados tanto en El Salvador como en Honduras y fundó el Instituto de Derechos Humanos de la Universidad (IDHUCA), que dirigió hasta el día de su muerte. Fueron quizá este tipo de esfuerzos por los que el padre Montes era considerado un transgresor, un religioso cercano al pensamiento político de izquierdas, y junto a Ellacuría y Martín-Baró encabezó la lista de jesuitas peligrosos para la extrema derecha salvadoreña. El punto de mira estaba sobre ellos.

—¿Y cuánto tiempo estuvo allí, en el refugio?

—Hasta que un día llegó mi hijo y me llevó a la casa de San Salvador. Mis otros hijos, los que están en Estados Unidos, le dijeron que ellos se iban a hacer cargo de pagarla, que alquilara una casa en San Salvador y allá me fui. Eso fue desde el 81, según recuerdo.

—Entiendo. Y… a ver… ¿Por qué se quedó descalza?

—Era mi penitencia.

—¿Pero por qué razón, por qué se castigó así?

—Porque dejé solo a mi marido.

—¿Y se ha preguntado qué diferencia hubiera habido si hubiese estado con él?

—Quizá ninguna.

—¿Entonces?

—Da igual, era mi castigo por dejarlo solo.

—¿Y pasó así por años?

—Me volví a poner zapatos en diciembre de 1989.

—¿Y por qué acabó la penitencia?

—Porque me sentí feliz. Fue cuando mi hijo volvió después de la ofensiva. Yo tenía miedo de que lo mataran, usted sabe, mataron a muchos militares. Fue algo terrible. Cuando llegó vivo le hice una comida y le dije que me llevara a comprar unos zapatos. Fue un alivio muy grande. No sabe cuánto. Era mi hijo. No hay nada peor que perder un hijo, todos saben eso.

—¿Era su preferido?

—Si quiere que le diga la verdad… quizá sí. Era el último. Y el que estuvo conmigo más tiempo. Ya no me importa decirlo. Los otros hijos me mandan dinero para la casa, pero nunca los veo. Este vivía conmigo. Los otros hijos no vinieron cuando mataron a su padre, y este siempre fue a verme. Siempre. ¿Me entiende?

6

El sábado 11 de noviembre del año 89, poco después del mediodía, un helicóptero aterrizó en el cuartel donde se encontraba la sede del Batallón Atlacatl. Algunos soldados vieron bajar del mismo al vicepresidente de la República, un hombre llamado Francisco Merino. En esos años, se sabía que el señor Merino era cercano a los altos mandos del ejército, pero era una visita inusual. Por cerca de cuatro horas, Merino estuvo reunido con el coronel León Linares, el comandante del batallón.

El batallón Atlacatl era la élite del ejército. Habían sido creados a inicio de la guerra como un grupo de fuerzas especiales, entrenado por boinas verdes norteamericanos en instalaciones estadounidenses bajo los métodos más severos. Mucho se ha contado de lo que eran capaces estos hombres, de los cuales se ha hablado a partes iguales con orgullo y horror. Acusados de masacres contra la población civil, a la vez que de actos de verdadero heroísmo, lo cierto es que era el batallón más reconocido por su capacidad de acción de la Fuerza Armada salvadoreña. Al día siguiente de la visita de Merino, pidieron desde el Estado Mayor que un grupo del Atlacatl, el más destacado, viajara hasta San Salvador para prestarles apoyo. Así que los elegidos prepararon sus pertrechos de guerra. Dice Juan que llamó a su madre muy temprano, antes de las seis de la mañana, para decirle que no saliera de casa. Les habían avisado que los enfrentamientos que se estaban llevando a cabo no eran algo aislado, que la guerrilla había preparado una ofensiva por todo el territorio. Pero también le pidió que no se preocupara, que él no iba a entrar en combate, que sólo prestaría seguridad en instalaciones específicas.

Cuando su madre le preguntó en qué instalaciones, él le contestó que no estaba autorizado a decírselo. Pero con todo, ella pareció quedarse tranquila. Sara vivía desde inicios de los 80 en la casa que sus hijos le pagaban en una colonia de San Salvador. Allí sí tenía un teléfono, junto a su cama, sobre una silla de madera. Juan le dijo que volvería a llamar cuando pudiera y se despidió. Minutos más tarde salió con sus compañeros rumbo a la capital. No fue un viaje de rutina. Podían oírse enfrentamientos por todas partes, así que se trasladaron con sus armas preparadas, apostados en los laterales del camión que los transportaba, en alerta por si se encontraban con el enemigo.

En el Estado Mayor no hicieron mucho ese día, salvo esperar, o hacer reconocimientos en la zona. Siendo una unidad como la que era, no entendían por qué no estaban combatiendo, pero ninguno de sus miembros iba a reclamar algo así, ni siquiera preguntaría por una razón.

El lunes por la mañana temprano tampoco hicieron nada y Juan pensó en si sería buena idea llamar a su madre. Como nadie llamaba a sus familiares, él tampoco lo hizo. Además, no quería darle explicaciones, ni simular que todo estaba bien. Había una tensión permanente, las noticias que llegaban no eran alentadoras. Incluso su inmovilidad volvía más tensa la situación, así que no quería sentirse presionado por su madre y acabar a gritos.

Por la tarde de ese mismo día les pidieron que se incorporaran a las instalaciones de la Escuela Militar, como parte de un comando de seguridad para proteger toda la zona. Iban a quedar bajo el mando del coronel Benavides, director de la escuela. Al final de la tarde, les pidieron que llevaran a cabo una misión muy simple, un reconocimiento en una universidad cercana, la universidad de los jesuitas conocida como la UCA, donde revisarían también la casa en la que los curas vivían. Caminaron a la universidad, que estaba muy cerca, a unos seiscientos metros por la entrada peatonal que se encontraba en la colonia Jardines de Guadalupe. Juan dice que los sacerdotes no protestaron durante el cateo, que colaboraron, que les abrieron las puertas para que no las rompieran, y que ellos hicieron su trabajo sin encontrar nada que pudiera ser interesante.

También cuenta que en algún momento, él reconoció a uno de los sacerdotes, un hombre que su madre había conocido en la comunidad donde se quedó cuando tuvo que huir del caserío. Él mismo lo había visto más de una vez.

—¿Usted va a menudo por San Miguel, verdad, padre?

—Pues ya cada vez menos —respondió el sacerdote—. Ya con los años uno hace menos de todo. ¿Tú eres de por allá?

—De Chalate —respondió el soldado—, pero por allí lo vi una vez.

—Bueno, bueno —dijo el jesuita.

Juan no dijo más, siguió con su trabajo y cuando acabaron con la casa de los curas salieron del campus de la universidad sin revisar mucho más y echaron un vistazo poco interesado en algunas de las aulas.

—¿Qué padre era?

—Segundo Montes —me dice Juan.

—¿Y había algún tipo de agradecimiento que sintieras por él?

—¿Agradecimiento? Bueno. Sí, había tratado bien a mi madre, pero eso era otra historia. No era momento para eso.

—¿Qué es ese *eso*?

—Agradecimiento, compasión, consideración. Yo iba a hacer mi trabajo, nada más. Y sí, sentía agradecimiento porque mi madre hablaba bien de él, decía que le había ayudado, pero bueno ¿qué iba yo a hacer?

El miércoles por la mañana les dieron la orden de realizar un cateo en el Centro Loyola, que era una casa de retiro en la que realizaban ejercicios espirituales los jesuitas. Como antes lo habían hecho en la UCA, el cateo se realizó sin incidentes. No les llevó mucho tiempo, pero les dieron la orden de no moverse del lugar, así que permanecieron allí hasta nueva orden. Era un buen sitio para estar, apacible, silencioso, con una pequeña capilla y salones amplios y una vista privilegiada de la ciudad. Un poco a la izquierda se podía apreciar el volcán de San Salvador, y hacia la derecha, hacia el sur, el cerro San Jacinto, y al frente, el cerro de Guazapa, donde se sabía que había campamentos guerrilleros, y más allá, en una lejanía que se iba difuminando, las extrañas siluetas de las montañas del norte. En el extremo más alejado del volcán vieron una torre de humo y otra en la zona de Mexicanos, por el noroeste. Pero nada les inquietaba sobremanera. Estuvieron a sus anchas, muy a gusto durante toda la tarde. Una mujer que atendía el lugar les sirvió algo de pan dulce y café. Ellos eran poco más de cuarenta hombres, pero ella los atendió a todos. Fue una tarde agradable aun en medio del caos. Todo cambió a eso de las siete de la noche, cuando les dieron la orden de salir de allí. Para esa hora ya sabían que tenían una misión fundamental, la misión por la que los habían llevado a San Salvador.

Volvieron a la sede de la Escuela Militar. Poco después, les pidieron que se prepararan porque tenían que volver a salir. Debían eliminar a unos cuantos cabecillas guerrilleros. Les dieron instrucciones de aniquilar al enemigo y de fingir un enfrentamiento. Juan dice que los separaron en tres grupos. Dos brindarían apoyo y seguridad y el tercero efectuaría la eliminación del enemigo. Tenían que ser precisos y certeros, pero para eso los habían entrenado. Esa noche no debían quedar testigos.

Las calles aledañas a la universidad estaban vacías. Había una luna grande y blanca en el horizonte, no se veían las estrellas. Caminaron concentrados entre la oscuridad, protegidos en la sombra, pendientes de un lado y otro. Debían actuar con firmeza. Cuando entraron a la universidad caminaron por la calle interior, se detuvieron poco antes de llegar a la capilla y volvieron a organizarse.

—¿Qué se piensa en esos momentos?

—En cumplir la misión.

—¿Y cuál era la tuya?

—Brindar seguridad.

—¿Te quedaste fuera?

—Sí. En el segundo círculo de seguridad.

—¿Y agradeciste quedarte allí?

—No entonces. En ese momento uno no piensa nada, sólo en cumplir la misión.

—¿Y ahora?

—Sí… Ahora sí lo agradezco. Habría sido peor.

—¿El qué habría sido peor?

—La angustia. El arrepentimiento. La verdad es que no lo sé, no sé cómo llamar esto que tengo dentro.

Los del primer círculo de seguridad dispararon a la casa de los padres o al Centro Monseñor Romero. Su objetivo era elaborar la escena de un enfrentamiento. Después de un rato, se lanzó una bengala. Era la señal de que la misión se había cumplido y había que abandonar el lugar. Poco después, otra bengala iluminó la noche. No era más que un énfasis de la primera. Cuando salieron, Juan sabía que los padres que habían visto durante el cateo habían sido eliminados, incluso el padre Montes. No podía quitarse de la cabeza su rostro, sus ojos azules y profundos mirándolo mientras le hablaba, mientras le decía *Ya con los años uno hace menos de todo.* Y mientras pensaba en estas cosas, la noche seguía siendo fría y la luna seguía siendo enorme y blanca en el cielo nocturno.

7

Pasaron algunas semanas hasta que la señora Sara pudo reunirse con su hijo. Cuando el timbre de la casa sonó aquel sábado, ella sabía que era él porque nadie más la visitaba, y menos un día sábado tan temprano. No habían hablado desde el inicio de la ofensiva. Al encontrarlo en la puerta, lo abrazó por largo tiempo y lloró emocionada. Había pasado semanas esperando aquella visita, muchas horas rezando, pidiendo a Dios que no le sucediera nada a su muchacho, que regresara a salvo, que las balas no lo tocaran, aunque había oído tantos disparos que no sabía cómo eso sería posible, pero le daban esperanza las palabras que había escuchado decir al arzobispo Rivera en la radio: *Lo que es imposible a los hombres, es posible para Dios.* Sara se aferraba a esa línea sacada del Evangelio y la repetía en sus oraciones. Confiaba en Dios, creía en milagros y confiaba en la Virgen de Fátima, de la cual tenía una estampa sobre su cama. Así que cuando su hijo llegó sin un rasguño, pensó que sus oraciones habían sido escuchadas y dio gracias a Dios y a la Virgen y obligó a su hijo a que rezaran juntos y dieran gracias.

—Ha sido terrible —le repetía más tarde, mientras le preparaba el desayuno—. He estado angustiada.

—Se puso muy feo, la verdad nadie se lo esperaba.

—¿Y viste lo que pasó? Qué lástima me ha dado que mataran al padre Segundo.

—Sí, lo sé —dijo Juan—. Nos enteramos.

—Lo he llorado mucho porque era un hombre bueno. Pobrecito. ¿Crees que de verdad era de la guerrilla?

—Yo qué sé, mamá.

—Pobrecito. Yo no lo creo. Me acordé mucho de cuando iba a vernos. ¿Te acuerdas?

—Sí, mamá.

—Pero bueno… lo que importa es que ya estás aquí. ¿Te digo qué vamos a hacer?

—¿Qué, mamá?

—Me voy a poner los zapatos que me diste en mi cumpleaños y vamos a ir a comer al Pollo Campero. Tengo de lo que me mandaron tus hermanos, así que vamos a comer bien.

—¿Se va a poner zapatos?

—Pues sí.

—Eso está bien, mamá.

—Es que hay que celebrar. Y mañana madrugamos para ir a misa.

—¿A misa?

—Hay que ir a darle gracias a Dios de que volviste bien.

—Yo tengo que volver temprano mañana, a las cinco de la madrugada.

—Pero, hijo… ¿cómo no vamos a ir a darle gracias a Dios?

—Déselas usted, mamá.

—No es lo mismo.

—Seguro será mejor.

—No se diga más, tenemos que ir. Hay que ser agradecidos. Si no mañana, hoy, a misa de la tarde.

—Bueno, mamá…

Llegado el mediodía, Sara se puso los zapatos y le dolieron mucho los pies pero no protestó. Salieron a almorzar y recuerda Juan que fue una buena tarde, que le gustó ver a su madre tan feliz. También me cuenta que esa noche pensó en su niñez, en el día en que lo había llevado a la finca a conocer un hombre de tres metros, y que recordó que este hombre, el dueño de la finca, había venido de Alaska. Fue cuando tuvo esa idea de marcharse. Antes ya sabía que no quería quedarse más, que no soportaría quedarse ni en el país ni cerca de su madre y que lo mejor era darse de baja en el batallón e irse lejos, al norte, pero lo más al norte que fuera posible, a ese sitio de hielo donde nadie sabría de él. Por mucho tiempo no pudo darse de baja, pero con la llegada de los acuerdos de paz, unos años más tarde, pudo hacerlo y lo hizo. Pidió a su madre viajar con él a los Estados Unidos, a Los Ángeles, a visitar a uno de sus hermanos. En aquel viaje le dijo que él quería ir más allá, más lejos… Todos lo tomaron como algo normal, pero no fue así cuando pasaron las semanas y Juan no les llamó ni les escribió para contarles dónde se encontraba o si estaba bien. Tuvieron que transcurrir casi ocho meses para que tuvieran noticias de él. Les dijo que estaba en Alaska y que tenía un trabajo en una cafetería, que jamás había sufrido tanto frío, y les preguntó si habían visto osos alguna vez, porque en el pueblo en el que vivía los osos paseaban a medianoche y saqueaban los contenedores de basura. También les aseguró que, pese al frío, aquel era un buen sitio para vivir y que no pensaba volver.

—¿Y no piensas volver a San Salvador?

—No lo creo. No hay nada en ese lugar para mí.

—¿Qué tienes en la cabeza, Juan, qué hay en tu cabeza cuando llega la noche y te acuestas a dormir, qué recuerdos…?

—Una tormenta.

—¿De nieve o de lluvia?

—Por extraño que parezca, nunca es una tormenta de nieve. Es una tormenta de agua, como esas que hacían que los techos de las casas salieran volando. ¿Has estado en una casa con techo de hojalata bajo una tormenta?

—No.

—Suena como un tiroteo.

—¿Y eso recuerdas?

—Cada noche —me dice—. Cada noche.

Quinta parte

El sinuoso camino hacia el juicio

1

El día veintidós de diciembre, Tojeira y el padre Francisco Estrada, rector de la UCA, fueron citados por la Comisión Investigadora de Hechos Delictivos para informarles sobre el desarrollo de las investigaciones. La posición oficial del Gobierno seguía siendo la misma que en noviembre, que el ejército no había tenido nada que ver en el asesinato de los jesuitas, que todo apuntaba a la culpabilidad de la guerrilla. Y aunque había un movimiento internacional en favor de hacer una investigación seria, y el Gobierno, a través del presidente Cristiani, se había comprometido a ello, y en cada homilía del arzobispo de San Salvador, monseñor Rivera y Damas, era mencionado el caso y se pedía justicia, el asunto parecía avanzar poco o nada hacia lo que la Compañía de Jesús creía que era la verdad.

Los recibieron en una oficina amplia con una mesa rectangular y ventanas cerradas. Los dos jesuitas se sentaron y frente a ellos, al otro lado de la mesa, había tres miembros de la Comisión Investigadora, los coroneles Manuel Antonio Rivas Mejía, Carlos Armando Avilés y un hombre de apellido López. Tras ellos, doce o catorce investigadores del caso, todos vestidos de traje y corbata y el cabello cortado como militares, pero brioso, peinado con vaselina o gel. Parecían recién afeitados y guardaban silencio, aunque algunos tomaban nota en sus cuadernos. Otros, ni eso. Escuchaban.

A Tojeira le pareció como mínimo curioso que hubiera tantos investigadores y no supo si eran miembros de la milicia o de la Policía ni de dónde habían salido. Quizá fueran civiles, porque muchos en esa época querían parecer militares, que era algo muy bien visto y muy conveniente, pues si se era verdaderamente miembro de la milicia o si se trabajaba en instituciones pertenecientes a ella, se tenían todos los privilegios. Los más sencillos consistían en tener acceso a un almacén particular al que llamaban *La cooperativa*, donde podía encontrarse todo aquello que no llegaba al país por medios comerciales, pues la guerra ponía límites a todo. Licores, juegos electrónicos, zapatos deportivos de moda o tarros de mantequilla de maní, productos que venían de los Estados Unidos. Y los más complejos, los que se tenían si uno era capitán, coronel, general, o incluso teniente, consistían en vivir en ciertas zonas protegidas de la ciudad hasta la impunidad misma en ciertos hechos desde terribles hasta tan cotidianos como evitarse las multas de tránsito. Si te multaban por una imprudencia y tenías la suerte de tener un conocido cuyo padre era militar, le llamabas y así se arreglaba todo de inmediato. Porque era posible. Se les veía con temor y respeto, pero sobre todo con temor. Ganaban mucho dinero, resguardaban la seguridad de la patria, y estaba mal visto si tenían una sola mujer, o incluso una sola familia. Cuando llegaba la Navidad o la fiesta de Fin de Año, sacaban sus fusiles y disparaban al aire al llegar las doce, y aunque siempre había algún herido o un muerto por una bala perdida en el hospital, los muchachos hacían fila para disparar si tenían la suerte de que su hermano o su primo o su padre perteneciera a la milicia.

—Buenos días, padres —dijo Rivas Mejía, quien parecía estar al mando—. Queremos informarles de cómo van nuestras investigaciones.

—Buenos días —le respondió Tojeira—. El padre Estrada es el rector de la universidad, como creo que saben.

—Estamos al tanto —indicó Rivas Mejía.

—Buenos días —señaló Estrada.

—Pues aquí estamos, cuéntenos cómo va todo.

—Y bien, bien, hemos hecho nuestras pesquisas y hemos sido exhaustivos. Como ven, tenemos un equipo grande de investigadores y estamos haciendo todo lo que está en nuestras manos y quizá un poco o mucho más.

—Y se los agradecemos —agregó el padre Estrada.

—Es nuestra obligación —dijo Rivas Mejía—. Pero bien, les decía que hemos sido acuciosos y tengo que informarles que todo sigue apuntando en la dirección del FMLN.

—Comprendo —intervino Tojeira—. ¿Pero qué es eso de que apunta en esa dirección?

»¿Qué han encontrado, por qué siguen llegando a esa conclusión?

—Como sabe, padre, lo de la recompensa es algo muy atractivo y mucha gente que normalmente no se hubiera prestado a dar una declaración pues animada por el dinero que se ofrece ha venido con nosotros. Y mucha de esta gente ha pasado afirmativamente por el polígrafo.

—Comprendo —dijo Tojeira.

Rivas Mejía se refería al hecho de que se había ofrecido una recompensa para todo aquel que brindara información sobre el caso de los padres jesuitas. Se ofrecía dinero y discreción.

—Y lo más interesante de todo y lo que más valoramos es la declaración que ha hecho un homosexual amante del comandante Dimas. ¿Sabe quién es este hombre, padre?

—No, no lo sé —contestó Tojeira.

—Pues era un comandante de la guerrilla que combatía por el lado del volcán de San Salvador y que murió en combate durante la ofensiva. Este hombre nos confesó que la noche antes de morir en combate había estado durmiendo con su amante, el comandante Dimas, y en la intimidad le dijo que ellos habían matado a los jesuitas. Se lo ha confesado así como se lo digo. Y pues, viendo que dábamos dinero, el tipo ha venido y confesado. Lo hemos pasado por el polígrafo y ha salido correcto.

Tojeira me asegura que se lo dijeron como me lo cuenta. Esa era la prueba principal de la Comisión Investigadora, el polígrafo de este hombre y lo que les había contado de esa supuesta relación con el comandante Dimas.

—¿Y usted dijo algo, padre?

—No en ese momento, porque en ese momento apareció Chidester.

Cuando Rivas Mejía contaba al padre estas cosas, la puerta de la oficina donde se encontraban se abrió y apareció Richard Chidester, quien se sentó en una silla que estaba junto a la de los jesuitas. Lo hizo sin saludar. De hecho, entró en la habitación sin siquiera llamar a la puerta.

—¿Y este señor qué hace aquí? —preguntó Tojeira cuando Chidester se sentó.

—Es amigo nuestro —le respondió uno de los tres coroneles.

—Si este hombre está aquí nosotros nos vamos —advirtió Tojeira, levantando la voz—. Este tipo es un mentiroso. Este tipo me engañó. Con este tipo aquí yo no sigo esta reunión.

—Pero, ¿cómo dice eso? Yo no he mentido en nada —le quiso aclarar Chidester—. Yo traté de colaborar.

—Mentira. Usted es un mentiroso. Usted se aprovechó de mi confianza y de la confianza de los diplomáticos e hizo lo que hizo.

—Mi intención era proteger a la testigo. No puede acusarme de nada.

—Su intención era engañarnos, burlarse de nosotros de la manera más vil y manipular a esa mujer. Vaya calaña la suya.

—Ya le dije, padre, que mi intención era ayudar. Pero crea usted lo que quiera.

—Si este señor sigue aquí nos vamos ahora mismo —repitió Tojeira, que miraba a Chidester y lo señalaba con el dedo y no dejaba de gritar airadamente, fuera de sí.

Mientras esto sucedía, el coronel López se había levantado y acercado a Chidester. Le dijo al oído algo que nadie pudo escuchar y Chidester se levantó y se marchó. Lo último que dijo fue eso de *crea usted lo que quiera*.

—Es un mentiroso, un sinvergüenza —insistió Tojeira.

—Disculpen, padres, dijo López, él es amigo nuestro, tiene mucha confianza con nosotros y entró aquí, pero nosotros no lo habíamos invitado.

—Valiente amigo —añadió Tojeira.

—No era un invitado nuestro, sólo está colaborando en algunas cosas. ¿Comprende? Pero bien, vamos a seguir.

—Mire, coronel —siguió Tojeira—, ya nos han dado muchas pruebas de su posición, y lo cierto es que son pruebas muy débiles. Yo no confío en el polígrafo, y menos hecho por ustedes a gente que ni conocemos ni sabemos de dónde ha podido salir. Y algo más, lo que nos ha dicho no es serio, no lo es, eso de que no sé quién tenía un amante y el amante dijo… no. Esto no es una novela de las que pasan en la televisión. Creo que tienen que investigar y hacerlo a otro nivel.

El registro, el cateo, ya sabemos por el juez que lo hizo el Batallón Atlacatl. Es a ellos a quienes tienen que investigar de entrada, no perder el tiempo con gente que venga aquí a decir cualquier cosa. Si los del Atlacatl estuvieron el lunes pudieron estar la madrugada del jueves. ¿Los han investigado?

—No. En realidad, no.

—Pues mientras no los investiguen no nos hablen de líos de faldas y cosas de estas.

Tojeira lanzó esa frase y guardó silencio y ese silencio denso, frío, inamovible por un instante demasiado largo, se acomodó en la habitación. Tojeira miraba hacia la mesa y tamborileaba con sus dedos, nervioso, pensando en lo que acababa de decir, tratando de calmarse, dándose cuenta de que estaba demasiado alterado, pensando en el descaro de Chidester, asumiendo por un segundo interminable que los habían llevado hasta aquella oficina para burlarse de ellos, porque los trataban como idiotas y no quería soportarlo más. En todo eso pensaba cuando Estrada, el otro jesuita, que era alguien muy prudente y medido, mucho más que Tojeira, pidió la palabra.

—Miren —comenzó el padre Estrada—, yo quiero hablar como salvadoreño. Primero, quiero decirles que apoyo totalmente lo que ha dicho mi provincial, pero como salvadoreño quiero decirles a ustedes una cosa: ustedes me dan ganas de vomitar, me dan asco, son una vergüenza para este país, se venden a los gringos, aquí entra el gringo ese como si mandara sobre ustedes, le lamen los zapatos a los gringos… y son unos mentirosos, porque lo que están diciendo es totalmente mentira, me dan vergüenza como militares, como si no fueran salvadoreños…

El coronel Armando Avilés, que había sido alumno de Estrada en el Externado, el colegio de los jesuitas de San Salvador, trató de calmarlo, y en su intento preguntó si querían tomar algo.

—Ya, padre, mejor nos calmamos un poco. Sería bueno que tomaran algo. ¿No quiere un café?

—Yo no quiero nada —le contestó Estrada—. Estoy bien así y tampoco pienso decir más.

—¿Padre? —preguntó Avilés a Tojeira.

—Agua. Un vaso de agua.

La reunión no duró mucho tiempo más. Se dijeron algunas cosas con la pretensión de ser reconciliadoras, Tojeira entregó algunas pruebas físicas encontradas en el lugar de los hechos, y un rato más tarde los sacerdotes se despidieron y salieron de allí.

Era una mañana fresca y en las oficinas aledañas había árboles de Navidad de treinta centímetros sobre las mesas de algunas secretarias y un Belén justo en la entrada, una representación del nacimiento de Jesús elaborado con figuras de barro. Ninguno de los jesuitas se percató de ello. Los dos se habían hundido en sus propios pensamientos. Cuando salieron al estacionamiento tampoco dijeron nada, no notaron que había un árbol inmenso, una ceiba extendía sus ramas por todo el lugar, pero no era momento para la belleza. La luz más blanca y liviana de diciembre flotaba sobre la brisa dulce y un ruido de automóviles venía desde la calle.

—¿Por qué tomaste agua? —preguntó Estrada

—Porque me la ofrecieron, pero escogí lo que tiene menos sabor.

—Pues mal hecho. Yo leí que hay unas pastillas que te las echan en el agua y no tienen sabor y a las tres horas te da un infarto.

—Bueno, gracias por animarme —le dijo Tojeira, que me asegura que pensó en ese vaso de agua el resto del día.

2

—Esta es la colonia Santa Marta, padre Kolvenbach. Y como imaginará, lo que ve en las fachadas son orificios de bala. Hubo enfrentamientos por toda esta zona. Y eso que ve destruido ahí era una casa. Es que el enfrentamiento se hizo pesado en algún momento y el ejército bombardeó estas zonas, quiero decir, las bombardeó con aviones de guerra.

—Comprendo.

—Esta zona tiene conexión con el Cerro San Jacinto.

—Ese que se ve en lontananza.

—Sí, eso mismo. Desde aquí se puede ir a través de las veredas hasta la zona del cerro y más allá hasta San Marcos. Como ve, San Salvador es un valle rodeado de cerros, así que muchas zonas están conectadas. O no muchas, todas.

El automóvil se detuvo al atravesar un puente y los sacerdotes bajaron. La calle era de tierra y en cuanto Kolvenbach puso un pie en el piso sus relucientes zapatos negros se mancharon de blanco, pero no pareció notarlo, o, si lo notó, no le importó. Caminó con Tojeira escuchándole con atención. Se detuvo para observar el riachuelo casi seco que pasaba por debajo del puente. Sonrió al descubrir a un grupo de niños que jugaban al fútbol en un pasaje de casas derruidas, entre escombros. Corrían descalzos, utilizaban una pelota de hule y las porterías no eran tales sino piedras, alejadas la una de la otra un metro, poco más, poco menos. Los niños miraron de reojo a aquellos hombres altos de cabello castaño y siguieron su juego.

—¿Y la gente se fue de aquí a los refugios?

—Mucha sí, cuando pudieron, pero regresaron casi de inmediato. Una vez pasó todo, la gente volvió a sus casas y sus trabajos.

—¿Y cuándo acabó?

—Pues no se sabe exactamente, quizá al llegar diciembre acabaron los enfrentamientos aislados, pero lo grueso pues habrá durado unas dos o tres semanas, no más.

—Comprendo.

—Quiero decirle que si escucha un petardo no se asuste.

—¿A qué se refiere?

—Es normal que exploten petardos de pólvora. Digamos que son inofensivos. Los hacen con papel de periódico, como si utilizara papel para cigarro, sólo que al enrollarlo no es tabaco sino pólvora. Les ponen una mecha y los explotan hasta los niños. Se lo advierto porque podría pensar que es un disparo y no es así.

—¿Y tú sabes distinguirlos?

—Pues sí, sí, son, digamos, como un sonido hueco, el de los petardos, el de los disparos es sólido. Es difícil de explicar, pero si uno lleva años viviendo aquí eso se aprende.

—Entiendo —dijo Kolvenbach, y siguió andando por la calle de polvo.

Poco después volvieron al automóvil y se dirigieron a otras zonas de la ciudad. Al llegar al centro pasaron frente a la Catedral y Tojeira le explicó que aquel era el sitio en el que estaba enterrado monseñor Romero. Se detuvieron pero no entraron al recinto, lo vieron desde fuera. Era casi la hora del almuerzo y Kolvenbach le había dicho que quería hablar con la comunidad jesuita antes de comer, así que volvieron a la casa de Santa Tecla.

Peter Hans Kolvenbach era el general de la Compañía de Jesús, la máxima autoridad entre los jesuitas. Había llegado a San Salvador hacía algunos días para pasar la Navidad con la congregación y su intención no era otra que dar un consuelo a sus compañeros y asegurarse de que la universidad siguiera adelante. Unas semanas antes, había escrito una carta que había enviado a todos los miembros de la Compañía de Jesús. En ella contaba lo sucedido en la UCA y pedía voluntarios entre los sacerdotes para sustituir a los padres asesinados.

En su visita a San Salvador, mostró a Tojeira una lista de candidatos de los cuales debían escoger seis. Con Tojeira habló mucho sobre el tema, pero con la comunidad siempre se refirió a la labor de la Compañía de Jesús, contó cómo se trabajaba en otras comunidades, incluso en aquellas instaladas en países conflictivos, celebró la misa de Navidad y cenó con los sacerdotes y los seminaristas en una pequeña celebración. Tojeira recuerda que fueron días en los que la calma y la ilusión volvieron a su comunidad. Sobre todo por lo que sucedió el día 23, después de reunirse con el presidente Cristiani. Tojeira había informado al presidente de la visita de su superior y el mandatario había pedido reunirse con él. El encuentro no fue especialmente productivo, pues se dijo lo que se dice en esas circunstancias, se dio el pésame, se prometió una investigación, que se haría todo el esfuerzo y se lamentó lo ocurrido con palabras que pretendían ser sinceras. Nada que no entrara en la normalidad. Después de la visita al despacho del presidente, volvieron a la casa de Santa Tecla, y justo al entrar, se encontraron con el coronel López y López.

—Padre —exclamó el coronel—, qué bueno que lo veo, lo andábamos buscando.

—¿Qué ha pasado?

—Necesitamos sus huellas —le contestó López con animosidad—. Sus huellas dactilares.

—¿Pero para qué? —preguntó Tojeira, que no se esperaba semejante solicitud.

—Es que mire, padre, estamos recopilando huellas, las necesitamos para discriminar las suyas. Usted tocó algunas de las cosas que tenemos ahora nosotros y como ya sabemos que son las suyas, esas huellas quedan descartadas, y así seguimos probando con las otras. Es más ágil probar sabiendo que hay huellas de gente que ha tocado eso y que no es culpable.

—Bueno, bueno. Muy bien. Pero dígame, coronel, ¿a quién le están tomando las huellas, además de a mí?

—Mire padre, eso es confidencial, así que le pido toda la discreción posible, pero lo cierto es que se las hemos tomado a gente del Batallón Atlacatl.

—Ahora veo que van en el buen camino —se alegró Tojeira, que trataba de no parecer sorprendido—. Porque ese es el buen camino.

Se dejó tomar las huellas y volvió con su superior y le informó sobre lo que acababa de producirse. Y aunque había cierto sentimiento esperanzador en cada uno de ellos, nadie olvidaba que la cuesta seguía inclinada y caminar sobre ella era demasiado difícil.

3

Una tarde, Tojeira recibió una inesperada invitación: una entrevista privada con el coronel René Emilio Ponce, jefe del Estado Mayor Conjunto de la Fuerza Armada. La reunión tendría lugar en la casa del abogado Eduardo Tenorio, un hombre con una larga trayectoria en puestos políticos, varias veces ministro en diferentes carteras. Tojeira no pensó que pudiera ser una trampa de algún tipo pero consideró que lo mejor era informar a sus compañeros de aquella reunión. No sería fácil, no era el mejor momento para un encuentro como ese, precisamente con un hombre que ellos pensaban era uno de los principales sospechosos del asesinato de sus compañeros. Llegado el día, no se sintió nervioso, ni ansioso, aunque tampoco confiado.

Cuando Tojeira llegó a la cita, salió a recibirlo el señor Tenorio y lo llevó a un estudio donde se encontraba ya el coronel Ponce. Se saludaron con amabilidad e incluso con cierta familiaridad, como se saludan personas que no son amigos pero que se conocen a través de lo que cuentan de ellas muchas otras personas y quieren parecer relajados, guardar las apariencias.

—Hola, padre, ¿cómo está?

—Coronel —dijo Tojeira y le extendió la mano—. Bien. Dentro de lo que cabe, bien.

—Han sido días difíciles para todos.

—Ha sido duro, sí.

El estudio era un lugar amplio, iluminado, silencioso, con estantes repletos de libros, la mayoría de ellos de Derecho. Una leve música venía de fuera y Tojeira no supo si provenía del interior de la casa o si se colaba a través del patio desde algún lugar vecino. Al entrar, la casa estaba iluminada, pero no distinguió movimiento alguno, así que parecía estar vacía, salvo por ellos tres, aunque no hubiera podido asegurarlo.

—Los DT no querían dejar la fiesta —señaló Ponce— pero ya ha pasado todo y aquí estamos.

El coronel llamaba DT, delincuentes terroristas, a los miembros de la guerrilla. Tojeira no había escuchado antes el término, así que no sabía a lo que se refería y se atrevió a preguntar. Ponce no tuvo reparo en decirle el significado y Tojeira en reconocer que nunca había oído esa definición.

Tenorio les ofreció algo de beber y participó un rato de la conversación, que fue ligeramente amena. Tojeira estuvo tranquilo, a la espera, y Ponce parecía muy seguro, sereno, con la sangre muy fría. Cuando Tenorio dejó el estudio, con la excusa de que ellos tenían que hablar de sus cosas, Ponce entró de lleno en el tema de los jesuitas asesinados.

—Padre, nosotros nos hemos tomado muy en serio esta investigación y estamos convencidos de que fueron los DT.

—Yo no dudo de su seriedad, coronel, pero nosotros también hemos sido serios con nuestro análisis, y no nos cabe en la cabeza cómo fue posible que la guerrilla pasara el cordón de seguridad de la zona. Estamos muy cerca del Estado Mayor, a seiscientos metros, frente a la colonia de los militares y a cuatrocientos metros de la Escuela Militar.

—Ya hay análisis de cómo lo hicieron y qué fue lo que pasó. Ya ve que la zona de ustedes está pegada a Antiguo Cuscatlán, hay muchos corredores por allí. Tojeira siguió en lo suyo, insistiendo en lo de la zona protegida, y Ponce en lo suyo también. Aunque tenían perspectivas contrarias, ninguno se alteraba, parecía que todo estaba premeditado, que cada uno de ellos sabía lo que ocurriría de antemano y sólo desarrollaban un papel, como un round entre dos boxeadores.

—Nosotros no podíamos estar pendientes del cien por ciento de la zona —aseguró Ponce—. Sí estábamos pendientes, pues, pero más del lado del bulevar. Y sí, yo mismo autoricé el cateo del lunes a las ocho treinta de la noche.

—No es mi afán desautorizarlo —añadió Tojeira con cautela—, pero quiero aclarar que el cateo no se realizó después de las ocho treinta sino antes. Como mínimo hora y media antes.

—No, no, eso es como le digo. El cateo yo lo autoricé a las ocho y media.

—Eso es imposible, mantuvo Tojeira. No digo que usted esté mintiendo, pero creo que alguien lo ha podido engañar. El registro usted lo autorizó a las ocho treinta pero se realizó a las seis treinta de la tarde. Estoy seguro.

—¿Y cómo va a estar seguro de eso? ¿Cómo va a estar seguro de que hay alguien que miente o que yo no autoricé a esa hora el cateo?

—No quise decir que estaba seguro de esas cosas, sino de la hora en que se llevó a cabo ese registro, y le voy a decir por qué. A las siete o un poco más tarde me llamó Martín-Baró y me avisó del cateo porque pensó que a lo mejor iban a nuestra casa, que está casi junto a la universidad, en la misma calle de la entrada peatonal. Y esa llamada la hizo cuando acabamos de cenar. Lo recuerdo muy bien. Por el toque de queda ya a las seis estábamos todos en la casa y celebrábamos misa. Después cenábamos y acabábamos de terminar de cenar cuando atendí el teléfono. La misa duraba media hora, así que a las siete de la noche estábamos acabando de cenar y Martín-Baró me dijo que ya los habían cateado. Por eso le digo que ese es un dato para que investigue, porque a lo mejor quien lo engañó con el cateo está implicado en lo otro.

—No, no, no, fue a las ocho treinta, padre, yo estoy seguro.

Y siguieron en esa discusión por un rato más. Luego se incorporó Tenorio y preguntó si querían otra bebida, a lo que ambos respondieron que no. Poco después, el padre Tojeira dijo que debía marcharse, se despidió y salió de allí.

—¿Y cuál fue el motivo, padre? —pregunto.

—Esa reunión fue para sondear —dice Tojeira—. Querían averiguar cuánto sabía, era eso, y lo comprobé de dos maneras. La primera llegaría en sólo dos días.

Dos días más tarde, Tojeira fue llamado para otra reunión. Esta vez con el coronel Juan Orlando Zepeda, viceministro de Defensa Nacional. Zepeda fue mucho más serpentino y su labor de sondeo era más evidente. Aún no se había hecho ninguna acusación contra los altos mandos de la Fuerza Armada, aunque todos tenían claro que una acción como aquella no podía llevarse a cabo por iniciativa de un capitán a cargo de una compañía de soldados. Los nombres de Ponce y Zepeda y otros mandos del ejército no habían sido mencionados, pues toda la acusación era genérica, contra la Fuerza Armada o contra el Batallón Atlacatl. De hecho, no serían los jesuitas quienes harían públicas sus conclusiones sobre los autores intelectuales del crimen, sino Eric Buckland, un alto mando del ejército estadounidense que fue asesor en el Estado Mayor salvadoreño, pero eso sucedería algunos meses más tarde.

—La primera fue la reunión con Zepeda. ¿Y cuál fue la segunda manera? —pregunté.

—Pues la segunda manera se dio de la forma más extraña. Fue cuando conocí a un hombre del que jamás supe el nombre, ni se lo pregunté ni me lo dijo, y eso fue durante un viaje a Nicaragua.

4

Tojeira esperaba un vuelo que lo llevaría a la ciudad de Managua, Nicaragua, sentado en una de las salas de espera del aeropuerto de Comalapa, a las afueras de San Salvador. Era temprano por la mañana, bebía café e intentaba leer el periódico. La sala estaba vacía y parecía que no muchas personas se subirían a ese vuelo. Como casi a diario, en el periódico había una noticia sobre el caso de los jesuitas asesinados. Nunca aportaban nada que fuera interesante, pero pese a ello Tojeira lo leía todo, sentía que era su obligación no perderse nada. En eso estaba cuando apareció en la sala de espera un hombre vestido con traje y corbata que se sentó junto a él. Era joven, de treinta y pocos años, y olía a loción para después del afeitado.

—Padre —lo saludó aquel hombre—, yo lo conozco a usted, aunque usted no me conoce a mí, pero no se preocupe, no se asombre de lo que le voy a decir. Trabajo en la Inteligencia Militar y quiero contarle algunas cosas en el avión, si es que no hay nadie que pueda comprometernos. Yo conozco bien quiénes sí y quiénes no. Si veo a alguien sospechoso no me voy a acercar a usted. Sé que el avión va vacío, unas quince personas, no más, así que cuando empecemos el vuelo usted me va a ver caminar por el pasillo y si todo está bien, me voy a sentar a su lado y le voy a explicar las cosas.

—De acuerdo —le contestó Tojeira que no supo qué más decir.

—Y ahora me voy porque aquí puede aparecer cualquiera, sólo quería explicarle para que no se sorprenda usted en el avión.

Aquel hombre se levantó y se marchó de la sala. Cuando, cerca de una hora más tarde, las empleadas de la aerolínea llamaron a los que tomarían aquel vuelo, el hombre apareció como si nada, se quedó atrás, en la pequeña fila de pasajeros, y nunca dirigió una mirada hacia Tojeira, aunque Tojeira sí le miró de reojo, tratando de disimular lo máximo posible que lo observaba. Habría querido que lo que aquel hombre le había dicho hubiera sido una especie de sueño o de broma extraña. ¿Qué tenía que hacer alguien que decía ser del servicio de inteligencia en su avión? ¿Por qué quería hablar con él? ¿Quién lo había mandado? No podía creer que fuera a iniciativa propia. La presencia de aquel personaje le inquietaba. Hasta el último instante, tuvo la esperanza de que no se incorporara a la fila.

Cuando se apagó la luz del cinturón de seguridad y los pasajeros pudieron levantarse, el hombre de traje y corbata hizo su paseo por el pasillo del avión, caminó hasta atrás, donde se encontraba el baño, y regresó y se sentó junto a Tojeira.

—Buenos días, padre —comenzó con voz serena y firme y, por algún motivo, ese saludo generó algún tipo de confianza en Tojeira.

—Buenos días.

—Y bien, como le dije, soy miembro de la Inteligencia Militar y se lo quiero probar. Mire: sé que usted fue a una entrevista con el coronel Ponce y dos días más tarde, a otra con el coronel Zepeda. Ambas reuniones se llevaron a cabo en la casa del señor Eduardo Tenorio. Yo le voy a contar la versión de Zepeda de esa reunión, porque nos mandó el informe él mismo.

—A ver, lo escucho —dijo Tojeira. Aquel hombre le contó toda la conversación que había tenido con Zepeda. Le explicó que habían hablado una hora y media, poco más, que en la primera parte conversaron sobre la infancia del general Zepeda y que después entraron en la materia, en lo del asesinato de los jesuitas.

—Y usted puede preguntarse por qué un viceministro manda esto: la respuesta es porque el caso es muy sensible como para levantar suspicacias. Un jefe del Estado Mayor va como jefe del Estado Mayor, por eso Ponce no le da cuentas a nadie, menos a nosotros. Pero un viceministro es un cargo más administrativo, y pueden preguntarse los militares por qué va alguien como Zepeda a reunirse con usted, y él, para justificarse, nos manda un informe y nos dice que ha ido para tantear su peligrosidad.

—Entiendo —contesta Tojeira, que está impresionado con todo aquello y no deja de pensar en qué estaría haciendo aquel hombre realmente, en por qué estaba contándole todo eso.

—¿Quiere saber qué ha dicho Zepeda de usted, padre?

—Claro, cuénteme.

—Zepeda pone en su informe que cree que usted es manipulable, que no está firme en sus convicciones y podemos seguir insistiendo en lo nuestro. Insistiendo en nuestra versión de los hechos. Y le cuento esto para que usted sepa que sí soy lo que digo ser.

—Dado que conoce más la entrevista que yo, no tengo otra opción que creerle.

—Dicho esto lo único que quiero contarle es que tanto Ponce como Zepeda están detrás de algo muy grande. ¿Me entiende?

—Creo que sí.

—Un operativo como el que se llevó a cabo para asesinar a los padres no se puede hacer sin respaldo del Estado Mayor, en particular de Ponce. Y Zepeda fue a hablar con usted porque también está implicado en la toma de decisiones, y quería indagar y conocer qué sabe usted. Qué sabe y qué no sabe. Porque tienen cierto temor, padre. Ellos aquí hacen lo que les da la gana, pero este caso es muy grande, implica muchos intereses de fuera, y eso los ha puesto nerviosos.

—¿Y por qué me dice esto? Es decir, le agradezco que venga y me cuente estas cosas, cosas que nosotros habíamos de alguna manera ya considerado, pero bien, usted viene y me lo reafirma con conocimiento de causa. ¿Por qué este riesgo?

—Quizá le parezca una tontería, pero yo soy católico, padre. Es decir, le advierto que no soy ningún idealista, ni un ingenuo, pero trabajo en lo que hago sin tener nada en contra de ustedes. Y creo que los padres buscaban algo bueno para el país. O no es que lo crea, lo sé. Gente como nosotros sabe ciertas cosas. Y como prueba de que lo sé, un día voy a hacerle un obsequio de algo que usted apreciará. Ya verá que será así.

—Bueno, le doy las gracias anticipadas.

Tojeira afirma que estaba convencido de que las razones de este hombre para tomar semejante riesgo eran válidas, que en esos días las personas podían ser solidarias o traidoras, se daban ambas situaciones, y la solidaridad, a veces, llegaba de la forma menos esperada.

También pudo haber otras razones para que este hombre hablara con él, el resentimiento, la venganza de algún tipo, o alguna estrategia. Tampoco le contó mucho, es decir, no le reveló algo que ellos mismos no hubieran ya considerado tras su análisis, pero era una confirmación de lo que pensaban, como cuando se prueba una hipótesis matemática en la realidad de la vida cotidiana. Sea como fuere, Tojeira recuerda a este hombre con cierto aprecio y el asombro de la situación en que se produjo el encuentro permanece a través de los años, a pesar de la brevedad del mismo. Un viaje entre San Salvador y Managua dura entre treinta y treinta y cinco minutos. A veces un poco más, pero no mucho más. Así que la conversación fue breve y concisa y pronto aquel hombre se levantó y le dio la mano a Tojeira y le deseó suerte pidiéndole que fueran firmes, que no dejaran de insistir.

Tiempo después, Tojeira recibió una llamada en su oficina y era aquella misma voz.

—Padre, buenas tardes, no se preocupe, aproveché hoy para llamarle porque no hay vigilancia de su oficina, en este momento está limpio, quería pasar y entregarle el obsequio que le dije.

—Bueno, bueno, está bien —respondió Tojeira.

Unos minutos después, aquel hombre entró en la oficina de Tojeira. Iba vestido con el mismo traje que cuando lo había visto la primera vez. Incluso podría decirse que la camisa era la misma, y el olor a colonia para después del afeitado, muy fuerte, como si acabara de usarla, pero no estaba afeitado, pues se le veía una leve barba de dos o tres días. Se saludaron y de inmediato le entregó un pequeño sobre amarillo con un casete dentro.

—Como recuerdo de nuestra conversación —dijo—, quiero regalarle a usted este casete en el que está grabada una conversación entre el padre Ellacuría y Fabio Castillo, cuando fue rector de la Universidad Nacional.

—Ah, vaya —exclamó Tojeira, sinceramente impresionado—. ¿Pero cómo es que lo tiene con usted? ¿De dónde lo ha sacado?

—Pues, hace años me tocó a mí analizar esa conversación y se olvidaron de ella. Yo la entregué a mi encargado y la dejaron olvidada encima de mi despacho, no sé por qué, y yo la encontré allí al día siguiente de que la hubiera entregado y la puse en un cajón. Yo mismo la olvidé y la vi después de unos meses, y ya está. No la entregué, me quedó como recuerdo y mejor se la doy a usted. Es de hace años. No pasa nada.

—¿Y recuerda qué dice?

—Algo muy sencillo: se dicen que tienen que conversar con los Primos para ver si impulsan un diálogo mayor y unos pasos concretos en el caso de la paz.

Fabio Castillo había sido rector de la Universidad de El Salvador por muchos años. Era un intelectual muy respetado en el medio político y académico, y se sabía que había tenido algún tipo de vinculación con la guerrilla. A los que llamaban los Primos eran la cúpula política del FMLN, personas como Guillermo Ungo o Rubén Zamora, que años más tarde, con la firma de los acuerdos de paz, se incorporarían a la vida política del país de manera activa, siendo incluso candidatos a ocupar la Presidencia, o, más tarde, en el caso de Zamora, ocupando cargos en embajadas como la de la India.

—¿Alguna vez volvió a ver a este hombre, padre? —le pregunto a Tojeira.

—Nunca, responde. Han pasado más de dos décadas y no volví a saber de él. A veces tengo la sensación de haber conversado con un fantasma. Con alguien que no existe realmente o existe sólo en la sombra. Y que, a pesar de que no existe, es omnipresente. Porque esta gente está en todos lados y lo sabe todo. No me extrañaría incluso que supieran de esta conversación en este instante.

—¿Y recuerda su nombre, padre?

—Es lo que te digo, no lo sé. Y supongo que no lo sabré nunca. Que se ha perdido para siempre.

5

En San Salvador las mañanas de diciembre suelen ser, si no frías, al menos no muy calurosas. Pero aquella temporada una ola de frío había llegado desde el norte, así que, por unos días, se habían tenido que sacar los suéteres y las bufandas. Tojeira se había bañado muy temprano y estaba desayunando en compañía de otros sacerdotes en el comedor de la casa de Santa Tecla. Usaba un suéter oscuro, no negro sino azulado, y llevaba debajo una camisa de cuello ancho. De vez en cuando se frotaba las manos para entrar en calor, mientras bebía una taza de chocolate caliente. La conversación era cotidiana, pues hablaban de la cena de Fin de Año, de qué comerían ese día, de cómo sería la celebración y de que creían que debía ser algo que los obligara a pasarlo bien, dado que acababan un año tan triste y convulso y todos pensaban que necesitaban un descanso.

Desde noviembre no habían tenido un día sin tensión y las misas y las oraciones no bastaban para alejar esa sensación sombría. Sentado en aquella mesa amplia, bebiendo, comiendo, hablando y planeando la celebración con sus compañeros, por un momento Tojeira se permitió sentir cierto alivio. Las mañanas frías lo animaban más que las calurosas y el aire era limpio, había cierta leve brisa y la mañana era luminosa y apacible y todo parecía haber llegado a cierto estado de calma. Pero aquella sensación duró hasta que un compañero entró en el comedor y le anunció que le llamaba monseñor Rivera. No eran aún las siete y que monseñor lo llamara a esa hora significaba que algo había sucedido o estaba sucediendo.

—En fin —dijo Tojeira, levantándose de la mesa—, ya seguiremos con eso, voy a ver qué ha pasado.

Salió del comedor y fue a la oficina donde se encontraba el teléfono. Entró y el día se oscureció a causa de una nube que se había antepuesto al sol. Fue tan preciso y extraño que Tojeira se asomó a la ventana para comprobar lo que sucedía y comprobó que una nube gris anunciaba lluvia, aunque no solía llover en diciembre.

Cuando cogió el teléfono, se disculpó con monseñor por la tardanza. Monseñor Rivera le dijo que no era problema, que al contrario, él se disculpaba por llamar tan temprano.

—Padre —dijo Monseñor—, revise su fax.

Tojeira miró que en el fax había una hoja impresa. Tenía el membrete de la Conferencia Episcopal pero no tenía firma.

—Ya la tengo —contestó Tojeira.

—Léala.

—En este momento.

Después de un encabezado muy breve a manera de saludo, aquella hoja decía:

1. El Gobierno está haciendo una excelente investigación y todo apunta a que el **FMLN** asesinó a los padres jesuitas.

2. Los jesuitas actuales no quieren la verdad. Como están implicados en la política, quieren manipular el caso contra el Gobierno actual.

3. El arzobispo no hace más que dificultar las investigaciones de la policía lanzando acusaciones temerarias contra la Fuerza Armada.

—Dígame, Monseñor, ¿de qué se trata esto? ¿Quién le ha enviado esta información?

—Ha llegado esta mañana desde el Vaticano.

Aunque llevaba suéter, el frío caló hasta los huesos a Tojeira. El cuello se le tensó y erizó y por un instante no supo qué pensar.

—Me la ha enviado el buen amigo cardenal Echegaray, encargado del Secretariado de Justicia y Paz en el Vaticano. Está el hombre indignado y sorprendido.

—Comprendo.

—Al parecer monseñor Tovar Astorga la ha estado repartiendo a los cardenales.

—¿Monseñor Tovar está en Roma?

—Así parece. Pero bien, hay que contrarrestar esto como mejor podamos. ¿Puede venir a mi oficina?

—Desde luego.

—Lo espero en una hora. Y no se preocupe, nos asiste la razón y la verdad, saldremos adelante.

—No lo dudo, monseñor. En verdad no lo dudo.

Ese diciembre de 1989, el Gobierno creó tres comisiones de alto nivel para visitar tres puntos estratégicos. Una viajaría a Washington. Otra, a Madrid. Y la tercera, al Vaticano. Su objetivo era informar sobre lo que acontecía en el caso de los padres jesuitas. Eran tres lugares clave en los acontecimientos que se decantarían en los próximos días. Tanto a Madrid como a Washington el Gobierno envió a políticos pertenecientes al partido de la derecha. Se dijo lo que se había repetido como versión oficial en San Salvador, pero con muchos más detalles que pretendían inculpar a la guerrilla.

La más interesante era la comisión enviada al Vaticano. La Conferencia Episcopal es la asamblea de obispos de la Iglesia de cada nación, un órgano permanente que acuna a los representantes más altos de la Iglesia de un país. A la sede de la Iglesia viajaron monseñor Tovar Astorga, presidente de la Conferencia Episcopal, monseñor Revelo, que era el segundo al mando, y un cura llamado Manuel Barreiro, secretario de la Conferencia. Así que la impresión que se quiso dar ante el Vaticano era que los obispos de la nación estaban en pleno a favor de lo que estos tres hombres informarían.

La mañana seguía gris pero no parecía que fuera a caer ni siquiera una leve llovizna cuando Tojeira llegó a la oficina de monseñor Rivera.

—Le he mandado por fax una copia al general de los jesuitas —anunció Tojeira—. Me ha respondido que dos horas antes de mi envío ya le había llegado la hoja. Me ha dicho que no me preocupe, pero nada más.

—Será que tendrá algo controlado.

—No lo sé. Es tan probable como improbable. El Vaticano está muy lejos de San Salvador.

—Y supongo que no se refiere a la distancia geográfica.

—Precisamente.

—Pero también hay que confiar en lo que su general le dijo.

—Ha sido demasiado escueto. No ha dicho más que eso y sin mayor explicación.

—Estaba pensando qué hacer, y lo primero es que creo que tendremos que escribir un comunicado. Algo que contrarreste, que informe que esa no es la posición de los obispos. Es muy complicado dar la impresión de una Iglesia dividida, una Iglesia de izquierdas y de derechas, pero hay que hacerlo.

—En este caso resulta inevitable.

—Hay que ser firmes, no podemos dar una imagen ni de cansancio ni de ser blandos. El Gobierno está firme en su posición. Están haciendo un *lobby* muy fuerte. Ellos no van a salir de donde están, o no lo harán fácilmente.

—Hace unos días el coronel López, de la Comisión Investigadora, me dijo que estaban investigando al Atlacatl.

—Si lo están haciendo realmente, es un paso muy grande. Pero no me fío. Por un lado dicen eso y por otro mandan a Washington y a Madrid a decir que no han tenido nada que ver. Mire lo que sucede en el Vaticano. Nuestra propia curia. Los del Gobierno hacen un doble juego.

—Lo sé. Y no es que me fíe, sólo es lo que este hombre me dijo. Ellos saben quiénes han sido. Bueno, cómo no van a saber, si fueron ellos.

La conversación fue interrumpida por una llamada que llegaba de Roma. La secretaria del arzobispo anunció al cardenal Silvestrini.

—Páseme la llamada de inmediato —pidió monseñor.

Rivera entabló la conversación ante la mirada de Tojeira, que no se movió de su asiento. La intención de Silvestrini era que Rivera viajara a Roma a explicar los hechos personalmente.

—Véngase para acá —le dijo Silvestrini—, le he conseguido una cita con el papa, usted tiene que desmentir esto aquí.

—Está bien —le contestó monseñor—, voy a preparar todo de inmediato. —Al colgar el auricular, monseñor Rivera dijo:

—Voy a hablar con el papa.

—Eso comprendí, le aseguró Tojeira.

—Hay que preparar muy bien todo lo que voy a decirle. Vamos a luchar por esto en Roma y frente al papa. Ya le dije que debíamos estar tranquilos, que nos asiste la verdad y la razón.

—Y yo le dije que lo estoy, que estoy tranquilo —afirmó Tojeira.

Cuando Tojeira salió de la oficina del monseñor Rivera la claridad había vuelto al día. La claridad y la tibieza. A esa hora de la mañana, cerca de las diez, tuvo que quitarse el suéter.

6

Monseñor Rivera se asomó a la ventanilla del avión y observó el cielo negro y estrellado. Permaneció casi sin un pensamiento en su mente, dejándose llevar por la realidad en la que se encontraba, sobre el océano Atlántico, suspendido en el aire, en una región en la que nada sucedía, donde no había disparos ni amenazas ni tensiones ni peleas ni intrigas. Apoyó su frente sobre la ventanilla y sin que fuera premeditado se quedó dormido. Soñó con el padre Moreno. En su sueño, había visto, primero, a un hombre caminando de espaldas, y luego, ese mismo hombre se había dado la vuelta y lo había mirado. A continuación, se había visto en un jardín y estaban sentados uno junto al otro en una silla de metal. El padre Moreno tenía ese libro titulado *Jesús crucificado.* Él lo había visto con claridad y fijamente y al subir la vista el padre Moreno le sonreía. No dijo una palabra. Monseñor despertó impresionado y lo primero que pensó fue que el padre Moreno parecía más joven. También tuvo una sensación de impotencia muy grande.

Días atrás había pensado mucho en el padre Moreno. La razón no era otra que el extraño suceso que había acontecido con su muerte, o después de la misma. Sus asesinos habían acabado con él en el jardín, y sin embargo, sin que nadie llegara a explicárselo, habían arrastrado su cuerpo sin vida hasta la habitación que solía ocupar el padre Jon Sobrino, quien por esos días no se encontraba en la universidad. Ese enigma había sido tema de conversación durante una comida privada en el arzobispado. Él mismo se había dedicado mucho rato a pensar sobre las posibilidades que dieran respuesta a esa acción. Incluso llegó a pensar en que podría ser un mensaje a Sobri-

177

no. Le impresionó imaginarse la escena del padre Moreno siendo arrastrado por el pasillo, y creyó ver un mensaje en el hecho de que al chocar su cuerpo contra un mueble con libros, cayera del mismo uno titulado *Jesús crucificado* y fuera encontrado manchado por la sangre del sacerdote.

El padre Moreno había nacido en Villatuerta, Navarra, España, en 1933. Como sus compañeros, llegó muy joven a Centroamérica, antes de los veinte años, al noviciado de Santa Tecla. Pasó un tiempo estudiando en la Universidad Católica de Quito. Cuando volvió a San Salvador, trabajó en el Colegio de los Jesuitas y después en la UCA. Más tarde, a mediados de los 70, pasó unos años en Panamá, donde fundó el Centro Ignaciano de Centroamérica, que se encargaba de promover los Ejercicios Espirituales de Ignacio de Loyola. A inicios de los años 80, vivió en Nicaragua, donde participó de las actividades de carácter humanitario, pero jamás político. Trabajó con enorme entusiasmo en campañas de alfabetización e impartió retiros espirituales en los que enseñaba los Ejercicios de san Ignacio a religiosos y religiosas. Su labor fue más espiritual que política. Cuando volvió a San Salvador, en el año 85, se encargó de organizar la biblioteca de Teología de la UCA, pero su intención era volver al área rural y ser párroco. Un párroco de pueblo sin ninguna otra pretensión ni deseo. Finalmente no pudo lograr algo tan simple.

Monseñor Rivera volvió a cerrar los ojos y rezó y pidió por el alma de los jesuitas y también por el alma de monseñor Romero y recordó a Rutilio Grande, un jesuita que había sido asesinado hacía más de una década, a finales de los años 70. Tantos hombres santos, pensó. Y se preguntó si él estaba haciendo lo suficiente. No es que deseara convertirse en un mártir, no era eso, pero no podía evitar pensar en si estaba haciendo lo suficiente. Pidió a Dios sabiduría y entendimiento y su oración creció y duró mucho tiempo, tanto que sólo fue interrumpida por una azafata que tropezó torpemente dejando caer una bandeja. Al escuchar el estropicio, monseñor volvió la vista y la observó acurrucada levantando la bandeja y unas tazas. Se inclinó a la ventanilla y descubrió que cierta tímida claridad se extendía ya por el horizonte y se dio cuenta de que había pasado más tiempo de lo que en realidad había supuesto. Su misión se acercaba. Se dirigía al Vaticano. El papa estaba esperándolo. Sabía que sus palabras tenían que ser firmes y sabias y llenas de verdad. Sabía que Roma tenía pasillos muy amplios, y pensó en ello, y de pronto se sintió terriblemente cansado.

—No se preocupe, yo sé la verdad —le dijo el papa a monseñor Rivera.

Aunque Juan Pablo II pronunciara semejante frase, no hubo una declaración oficial del Vaticano en favor de la versión que defendían los jesuitas sobre cómo se habían producido los hechos y quiénes eran los culpables.

Años más tarde, sentados en una oficina minúscula, junto a un mueble lleno de libros de poesía, le pregunto a Tojeira:

—¿Qué significa esa frase, padre? ¿Que sabía la verdad sobre el caso o sobre lo que estaban haciendo los obispos salvadoreños o qué?

—Creo que recoge todas esas verdades, no una sola.

—¿Para monseñor Rivera fue así?

—Sí.

—¿Y para ustedes?

—A nosotros nos dio la seguridad de que en el Vaticano aquella carta no fue recibida como quería el Gobierno.

—¿No fue decepcionante? Es decir, no parece que hubo una verdadera comunicación con el papa.

—Decepcionante habría sido que estuvieran a favor de lo que decía esa nota, pero no era así. No podíamos caer en la decepción. Ellos estaban tratando de evadir la responsabilidad del ejército a toda costa. Y aunque las posiciones oficiales mostraban una cara, la otra cara de esa moneda era que nadie les creía. Que todo estaba volviéndose a nuestro favor.

—Y sin embargo, no sucedía nada.

—No daban su brazo a torcer, era así.

—Entiendo. ¿Y qué más sucedió en el Vaticano? ¿Cómo fue recibido por los cardenales?

—Muy bien, nos sentimos realmente apoyados.

El cardenal Silvestrini organizó una misa en favor de Rivera coincidiendo con su llegada, presidida por él mismo. Después, el día uno de enero, el cardenal Echegaray llegó a San Salvador para brindar su apoyo al arzobispo y a los jesuitas, y se celebró una misa privada en la capilla de la universidad. Tojeira me asegura que el ambiente todavía era de tensión, que nadie podía estar tranquilo porque se estaba discutiendo sobre asuntos que implicaban estar en contra de todo lo que les rodeaba. La sensación de estar desprotegidos era real. Durante la misa se habló de un nuevo comienzo, que era literal pues se encontraban en el inicio del año. También se dijo que había que tener esperanza, pero luego, en la comida, cuando se hizo referencia a los hechos más recientes, la ansiedad y la duda fueron predominantes en la conversación.

—¿Tenía dudas realmente, padre?

—Todos nosotros las teníamos.

Ese mismo día, primero de enero, apareció en el Vaticano una entrevista que le habían hecho a monseñor Tovar Astorga, con motivo de su visita, para la revista *30 Giorni*, una publicación de temas religiosos muy leída en Roma en la que se entrevistaba a cardenales y a personalidades de la Iglesia. En esa época, monseñor Tovar era el preferido de la derecha salvadoreña para suceder en el cargo a monseñor Rivera. Rivera había tenido que asumir su cargo como arzobispo de San Salvador después del asesinato de Romero, y había enfrentado los peores años de la guerra desde su posición en el arzobispado, luchando contra la atrocidad y el temor propios de una guerra, donde de ninguna manera podía sentirse privilegiado pues la comunidad eclesial se había llenado de mártires desde finales de los años 70. Pero había sido fuerte y actuado de la mejor manera posible, nunca demasiado cerca de las posiciones extremas, jamás demasiado lejos de las mismas, y tratando de que la ingenuidad no fuera un camino por el cual andar demasiado tiempo. No se puede ser ingenuo en el campo de batalla. Y él estaba en el centro de un campo de batalla. Le gustara o no, así era. Después de tanto, era notoria su desmejora. Los años le pesaban y las enfermedades empezaban a buscarle con mayor asiduidad. En este contexto, se había empezado a reflexionar sobre quién sería su sucesor. Para la extrema derecha no existían dudas, Tovar Astorga tenía que ser el siguiente.

La entrevista de *30 Giorni* tenía un título en latín que significaba *A quién aprovecha,* que era una de las preguntas que se utilizan en derecho romano para implicar a alguien, es decir, a quién beneficia tal o cual hecho, y a ese que beneficia más que a nadie se convierte en el principal sospechoso. En sus declaraciones a la revista afirmaba que ese al que beneficiaba más era al FMLN. Y que el Gobierno de la nación, que había hecho una investigación minuciosa y muy profesional, tenía pruebas que los inculpaban.

—Pero el arzobispo de San Salvador piensa que es el ejército —afirmaba el entrevistador.

—Es lo que piensa él, pero está equivocado, no tiene datos, sólo es mera especulación sin fundamento.

La revista, que se publicaba todos los primeros de mes, destacaba la entrevista de monseñor Tovar sobre el resto del contenido.

—El ejército guerrillero fue el culpable del asesinato de los padres jesuitas.

Tovar Astorga fue categórico. Y eso se publicó el día 1 de enero. Dos días más tarde, en una conferencia de prensa con medios, el presidente Alfredo Cristiani reconoció que el asesinato de los padres jesuitas había sido llevado a cabo por un grupo de militares salvadoreños, y aseguró que se llevarían a juicio y que los culpables serían castigados.

El día del anuncio de Cristiani hubo una pequeña misa de celebración en la comunidad jesuita. El juicio se celebró meses más tarde. Monseñor Tovar nunca fue elegido Arzobispo de San Salvador.

Sexta parte

1

Eran tres los que viajaban en el pequeño Volkswagen por un camino de tierra a un cantón llamado El Paisnal. Un chico de dieciséis años llamado Nelson, un viejo de setenta y dos, Manuel Solórzano, y el padre jesuita Rutilio Grande. Aquel marzo del año 77, las lluvias habían llegado temprano, así que en los arbustos a la vera del camino podía oírse el continuo zumbido de las cigarras. Justo al subir al auto, Nelson había dicho que en los últimos días había tenido una pesadilla recurrente: estaba acostado en la oscuridad y escuchaba una tormenta cuando de pronto el viento arrancaba el techo de su casa y la lluvia empezaba a caer dentro desbordándolo todo. Él trataba de abrir la puerta para salir, pero no podía y de pronto sentía que se ahogaba. Había soñado eso ya unas cuatro o cinco veces en las últimas semanas, pero con la llegada de las cigarras ya había podido dormir bien.

—Es que es como una canción de cuna —dijo el padre Rutilio.

—Fíjese que a mí me pasa lo mismo, padre —añadió Solórzano—. Ese zumbido hace que me dé sueño y me duermo así bien, aunque me duela la cabeza.

—Es bonito —señaló Nelson—. Muy espiritual.

—Así es —consideró Rutilio—. Es como un lamento, pero uno que te hace…

No terminó la frase. Al frente, bloqueando el camino, había unos seis o siete hombres con uniformes de la Guardia Nacional. El padre Rutilio fue frenando hasta que el auto se detuvo.

—Ustedes quédense aquí —les indicó el sacerdote—, que yo voy a hablar con ellos.

—Bueno, padre —contestó Solorzano. Nelson no respondió. Rutilio bajó del vehículo y caminó hasta los guardias.

— Buenas tardes —saludó.

— ¿Para dónde van, padre? —dijo uno, que parecía estar al mando.

—Vamos a El Paisnal. Tenemos una misa.

—¿Una misa a esta hora?

—Pues sí, si no son ni las cinco.

—¿Las misas no son por la mañana, padre? —preguntó aquel hombre, escupiendo al suelo. Estaba sentado en una piedra y después de escupir se puso de pie y se colocó el rifle que llevaba al hombro.

—Las misas son cuando se necesitan. Hay misas a media noche.

—Mire padrecito, la verdad es que nosotros creemos que usted va a reunirse con los comunistas. Eso andan diciendo por ahí. Ya ve que la gente dice cosas. Y ese tiene cara de guerrillero.

—Tiene dieciséis años, hombre. Y está enfermo.

—Yo digo el otro.

—Pero si ese no puede ya ni con él mismo, tiene más de setenta.

—¿Y para qué los llevas si son unos inútiles?

—Me ayudan en la misa. Por eso los llevo.

—¿Estás organizado, padre?

—Ah, muchacho. Yo lo que hago es ayudar a los pobres, mi única organización es la Iglesia.

—¿Y yo te voy a creer eso? Si dicen que los jesuitas son guerrilleros, que son unos izquierdosos.

—Yo no puedo hacer nada para que me creas o no. Pero si tanto sabes de todo, tienes que saber que no pertenezco a nada más que a la Iglesia.

—Súbase a su Volkswagen, padre. Súbase para que se vaya a la mierda.

—Ya no respetan ni a los curas ustedes.

—A los curas guerrilleros, pues no. Hay otros a los que sí.

—Bueno, ya vamos tarde, así que mejor nos marchamos de aquí.

El padre Grande volvió al automóvil y dijo: *Ya está, ya nos vamos.* Pero los guardias los habían rodeado. Rutilio se percató de ello y sacó la cabeza por la ventanilla:

—¿Pero qué les sucede, hombre? ¿Qué les sucede?

Hasta entonces, no habían asesinado a un solo sacerdote en el país. Tampoco se creía posible. Ni Rutilio ni Nelson ni Solórzano lo hubieran creído, al menos no antes de aquel instante terrible. Rutilio Grande recibió dieciocho impactos de bala. Horas más tarde, cerca de media noche, uno solo, el de la cabeza, seguía sangrando.

2

Jon Sobrino me dice que nadie esperaba demasiado de monseñor Romero. En aquel tiempo, Romero no era visto con buenos ojos por la mayoría de los miembros de la curia del país. Se le creía débil. Un buen hombre, amigo de todos, que podía almorzar con un grupo de campesinos y cenar en una reunión de señoras de sociedad, amigo a la vez tanto de los estudiantes que fueron capturados y torturados por el ejército, como del coronel Armando Molina, presidente del Gobierno. Cuando lo nombraron arzobispo del país, no hubo, dentro de la curia, ningún sentimiento distinto a una profunda decepción. Para entonces, los rumores de guerra no dejaban de escucharse. La situación estaba polarizada por completo. Era el escenario de la Guerra Fría. Los militares llevaban décadas en el poder y los abusos contra la población civil eran habituales. En los años 70, ser estudiante universitario en San Salvador casi equivalía a ser guerrillero. Al menos lo era así para las autoridades del ejército y de la Guardia Nacional. Masacres, secuestros y torturas se habían convertido en lo cotidiano. El edificio de la Guardia Nacional era una mole gris que representaba el terror. Cualquiera podía ser sospechoso de pertenecer a los grupos organizados y ser capturado y llevado a los sótanos de la policía para ser torturado. La tensión y el horror se habían apoderado del país. En ese panorama, la Iglesia pretendía jugar un papel fundamental, así que, en febrero de ese año 77, cuando el Vaticano anunció que monseñor Romero sería el arzobispo de San Salvador, muchos creyeron que habría un vacío. También creyeron que Romero había sido elegido porque era amigo del Gobierno. Alguien manipulable. Débil. Un bebedor de té en las reuniones con las esposas de los latifundistas de la época, cuyas fincas de café y algodón se extendían por un territorio sumido en una pobreza cercada por el miedo.

La noche que asesinaron al padre Rutilio, Romero recibió una llamada del presidente en funciones, el coronel Armando Molina, quien le aseguró que iniciarían una investigación. Romero sabía que el ofrecimiento de Molina era falso. Y Molina sabía que monseñor no creía en sus palabras, pero era el juego que los dos debían jugar. Seguirlo implicaría que todo iría bien, al menos para él y su arzobispado. Hacer algo distinto, en ese contexto, implicaría sólo una cosa. El padre Rutilio era un buen ejemplo de ello. Un hombre que vivía en el interior, en el campo, que iba a los cantones, que predicaba un evangelio basado en la igualdad, en una sociedad más justa. ¿Lo hacía eso un miembro de la izquierda? No. Pero su discurso bastaba para ser considerado perteneciente a un bando opuesto. Y eso, en esa época, significaba convertirse en un objetivo militar.

Poco antes de la medianoche, Romero llegó al lugar donde velaban al padre Rutilio. Cuenta Sobrino que Romero y Rutilio Grande eran amigos y que al arzobispo se le veía triste, sombrío, desolado, hablaba con menos animosidad, parecía que su voz tenía que atravesar un filtro para llegar a ellos, apenas se distinguía. La suya era una voz que tenía una enorme cuota de silencio. Entró adonde tenían los cuerpos de Rutilio y el chico y el hombre viejo y no dijo mucho, no al principio, aunque saludó a las religiosas que se encontraban en el lugar. Rezó una oración. Al acabar, aún con la cabeza inclinada, abrió los ojos. Observó la tierra iluminada por las lámparas de gas. Era tierra, no asfalto, tierra negra, volcánica, como lo es en Centroamérica, miró las piedras, la hierba desprolija, con el aroma de los frutos caídos por cientos y miles de años, un olor que era parte del paisaje y pasaba desapercibido casi siempre, pero no aquella noche.

Alzó la vista y vio la inmensidad sin estrellas, porque no había una sola estrella esa noche tan grande, y pensó, como lo haría un niño, que alguien las había apagado, que unos dedos índice y pulgar gigantes las habían apretado una a una extinguiéndolas por esa única noche más enorme. Se sintió insignificante. Una lágrima fría bajó por su pómulo y monseñor la escuchó caer con total claridad. *Ya basta*, se dijo. *Basta.* Así que se persignó. Rezó un padrenuestro. Y para cuando en sus labios resbaló la palabra *Amén,* y, de inmediato, un *Así sea,* él ya no sería más una silueta, un susurro, ahora sería una voz como de aquel que clamaba en el desierto. O eso pensó. Y se supo lleno de la Gracia de Dios.

—Tenemos que ver qué vamos a hacer —dijo monseñor y reunió a los sacerdotes y las monjas que estaban en el velatorio y les pidió consejo.

Explica Sobrino que todos expresaron su opinión y que monseñor escuchó a cada uno de ellos. Y que aunque asentía y les dijo que iba a pronunciarse, no muchos tuvieron la confianza de que lo haría. Pero lo hizo. Días más tarde envió una carta al presidente, le recordó su promesa de abrir una investigación sobre el caso y le informó que, hasta que no se aclarara, ni como arzobispo ni de manera personal asistiría a ninguna clase de acto oficial del Gobierno. También le anunció que el domingo se celebraría una sola misa en todo el territorio nacional. Una misa en conmemoración del padre Rutilio Grande. Así sucedió. El domingo al mediodía se celebró una misa única en el país y las campanas de todas las iglesias sonaron poco antes del mediodía anunciándola. Fue cuando monseñor Romero empezó su apostolado. Se convirtió en otro. Y eso no pasó desapercibido para nadie, y menos para Ellacuría.

Ellacuría se encontraba ese marzo en España. Se había autoexiliado debido a una serie de amenazas que había recibido. Meses antes, alguien le había advertido que debía tomar en serio esas amenazas, pues era cierto que estaba en una lista negra y que su vida corría peligro. Seguía siendo rector de la UCA, pero desde la distancia. Cuando se enteró de lo sucedido, conmovido, le escribió una carta a monseñor. Ellacuría no había tenido una relación con el arzobispo, se conocían, pero no eran amigos. Tiempo atrás, Romero había escrito una crítica sobre un libro de teología de Ellacuría, y si bien había sido un escrito educado, como monseñor solía serlo siempre, su posición había sido contraria a lo escrito por el jesuita. Así que, para entonces, no había mucho más que ese acercamiento entre ellos. Pero eso cambió de inmediato. *He visto en la acción de usted el dedo de Dios,* le diría en esa carta. Una frase que estaba llena de significado.

—Eso no lo dijo de mí —me cuenta Jon Sobrino—, y yo era su amigo, ni lo dijo de Rahner ni de Zubiri, eso lo dijo de monseñor Romero. Y ese lenguaje para Ellacuría estaba lleno del más hondo significado.

—Usted ha dicho muchas veces, padre, que para Ellacuría Rahner era su colega, y Zubiri también…

—Sí —contesta Sobrino—, pero Romero estaba por encima, Romero era lo que debía alcanzar. Rahner era su colega, mejor o peor que él, pero su colega, y Zubiri lo mismo, pero Romero era el ideal espiritual, era Dios que pasó por su pueblo. Y esas palabras para un religioso guardan el significado más alto.

La historia de monseñor Romero no había hecho más que empezar. En los años siguientes el arzobispo fue creando un discurso de denuncia contra lo que sucedía en el país, lo que no parecía detenerse. Una historia de sangre se escribía cada día. Una mañana se encontraba un cuerpo tirado en alguna carretera, otra, se secuestraba a unos estudiantes de la Universidad Nacional, y a la siguiente se ametrallaba el auto de un político. Los muertos se contaron día a día. Y las historias sobre torturas y secuestros hicieron que las personas aprendieran a hablar en voz baja en sus casas y a callar si estaban en público. Los rumores de guerra crecían. Lo mismo que las vejaciones. La época de sombra se abría paso y la guerra estaba siempre por llegar.

—¿Empezó todo entonces?

—No. Eso empezó mucho tiempo atrás.

—¿En el 32?

—En el 32 el dictador de turno aplastó una revuelta de campesinos armados con garrotes y machetes. Asesinó a miles. Y, de paso, acabó con las expresiones de estas gentes, porque abandonaron todo: sus tierras, su lenguaje, su manera de vestir, sus costumbres. Los latifundistas de inicios del siglo XX se hicieron ricos con las plantaciones de café. Se codearon con la clase alta europea, construyeron sus teatros, sus mansiones, pero esa abundancia no se vio reflejada en más del noventa por ciento de la población, que siguió viviendo a base de frijoles y maíz. En las grandes haciendas se pagaba a los empleados con fichas, y sólo podían cambiarlas comprando en los establecimientos que vendían víveres en las propias haciendas. Así que no podían salir de ahí. Estaban atrapados. Eran esclavos de un sistema bárbaro. Casi cien años más tarde, todo seguía igual, o peor. Du-

191

rante medio siglo el poder pertenecía al ejército, que se encargaba de poner y quitar al presidente de su preferencia, todos ellos militares. Ante este panorama, seguramente guiados por lo que había sucedido en Cuba primero y luego en Nicaragua, se empezaron a organizar grupos guerrilleros, lo que llevó a que las fuerzas políticas y militares desplegaran una represión sin precedentes.

—Se dieron las nuevas masacres, las torturas, las capturas injustificadas, la persecución.

—Sí, y si tenías la suerte de tener una parroquia en el campo, de juntarte y ayudar a los pobres, que eran casi todos, pues eras sospechoso de ser de izquierdas, de pertenecer a la guerrilla, de estar contra lo establecido. Por eso mataron a Rutilio.

—Y por eso sucedió lo que sucedió con Romero.

—Sí.

3

—A mí me da miedo —dijo la señora Zaida.

—Creo que mejor no hablamos de eso —le pidió monseñor.

—Yo no te voy a decir qué hacer, lo único que hago es encomendarte a la Virgen. Eso es lo único, pero eso no me quita el miedo de que te vaya a pasar algo.

La casa estaba dividida en dos partes. En una vivía Zaida, la hermana de monseñor Romero. En la otra, doña Regina, una amiga. La casa estaba situada en el primer pasaje de la colonia Santa Clara, junto al cerro San Jacinto. Todos los pasajes de la colonia tenían nombres de flores: Crisantemos era el primero, Girasoles era el segundo, Flor de Loto el tercero, y así hasta llegar a Dalias. Todos ellos parecían muelles que salían, no del mar, sino del cerro. La casa que compartían doña Zaida y doña Regina estaba justo en medio del pasaje. Monseñor no iba mucho a casa de su hermana, tenía demasiadas ocupaciones, pero sabía que ella estaba preocupada y quería tranquilizarla.

Zaida caminó con su hermano hasta la cocina, tomó una olla que estaba en el fregadero y la llenó de agua hasta casi al borde. La puso en la estufa, que encendió.

—Ya va a estar el café. En esta cocina no tarda.

—Tengo algo de tiempo, no hay apuro.

—Pues te decía que estoy miedosa. Y doña Regina opina lo mismo, eso de estar arengando contra el ejército es condena de muerte. Pero yo le pido a la Virgencita y no quiero ni pensar que vaya a pasarte algo.

—De algo nos vamos a morir —dijo monseñor, que sonrió.

—Te lo tomas a broma.

—No, no es que lo tome a broma, yo lo tomo todo muy en serio, pero es verdad, tú, yo, doña Regina, todos nos vamos a morir.

—Creo que se acabó el café —señaló doña Zaida, que buscaba entre unos botes vacíos—. Voy a preguntarle a Regina si tiene un poco.

—No la molestes.

—No, si ella no niega nada.

Doña Zaida caminó hasta la sala y su hermano también. A la izquierda, había una puerta cerrada y dio unos golpecitos.

—¿Regina?

—¿Sí? —contestó una voz que venía de dentro.

—Fíjate que se me acabó el café.

Regina tardó unos segundos antes de abrir la puerta. Al hacerlo, vieron que también tenía visita, pues, junto a ella, había una mujer, una vecina, doña Tita.

—Oscarito —dijo Regina y salió a saludar a monseñor. Lo abrazó y lo besó en la mejilla.

—¿Cómo está, Regina?

—Bien, bien. Tita: ¿conocías a Oscarito?

—¿Cómo no lo voy a conocer? Si no me pierdo ninguna de sus homilías.

—Buenas tardes —contestó Romero.

—Buenas tardes, monseñor, Tita de Arévalo para servirle.

—Monseñor saludó a la mujer, que se había acercado hasta la puerta.

—¿Tienes un poco de café? —preguntó doña Zaida.

—Claro que sí, mujer —le respondió doña Regina y caminó hasta el fondo de la habitación y buscó entre unos botes dispuestos de manera desprolija sobre una mesa.

—¿Van a tomar café con nosotros?

—Pues ya que lo dices, con gusto, doña Tita ha traído pan dulce.

Hablaron de la época en la que eran niños y vivían muy cerca de una panadería y del olor del pan en la madrugada, que llenaba como una niebla dulce los alrededores. La conversación no tuvo que ver ni con religión ni con política ni con nada que no fuera de la entera cotidianidad. Aquel día era 24 de marzo del año 80. Cuando Romero anunció que tenía que marcharse, eran cerca de las cuatro de la tarde. Había pasado una hora y poco más en compañía de su hermana y sus amigas. Se levantaron y caminaron hasta la puerta. Doña Zaida se adelantó para abrir. Mientras andaban, doña Tita no pudo evitar recordar lo sucedido el día anterior:

—Sus palabras de ayer en la misa casi me hacen llorar, monseñor. Disculpe que se lo comente, pero fue así. Y a mi esposo también.

—¿Lo que le dijo a los militares? —preguntó Regina.

—Sí, eso mismo. Pero quería pedirle, monseñor, que tenga cuidado, que se cuide mucho.

—Eso mismo creo yo —insistió doña Zaida—. A mí me deja con miedo, ya ve tanto cura que han matado.

—No diga eso. No diga esas cosas.

—Bueno, tengo que irme —se despidió Romero—. Pídanle a Dios por mí. Pídanle que me dé fuerzas y me dé fe. Hace falta mucha fe.

—Ni lo dude, monseñor, va a estar en mis oraciones.

—Y en las mías —concluyó doña Regina.

Cuando monseñor salió hasta la acera, las mujeres lo siguieron. Entonces se encontraron con un hombre y una mujer que cargaba un bebé.

—¿Bueno, y ustedes de dónde vienen? —dijo doña Tita.

—De la tienda —contestó la mujer, que debía de tener poco más de veinte años—. Buenas tardes, monseñor.

—Buenas tardes —la saludó Romero.

—Buenas —respondió también el hombre que la acompañaba mientras estiraba su mano para saludar al arzobispo, que se la estrechó con afecto.

—Este es mi esposo —aclaró doña Tita.

—Roberto Celestino, a sus órdenes, monseñor.

Romero asintió con una sonrisa y volvió la vista hacia el bebé y se acercó.

—Y esa es mi hija Miriam y mi nieta.

—Qué niña tan graciosa —dijo monseñor, se acercó a la bebé y le acarició la cabeza—. ¿Ya tiene el año?

—Acaba de cumplirlo —respondió Miriam.

La niña sonreía y hablaba en una jerigonza incomprensible.

—Y cómo habla —consideró Romero, que seguía sonriendo.

—Si viera, no se calla —añadió la madre—. Habla y habla y no se calla nunca.

—¿Cómo se llama?

—Esa es Roxanita —le indicó doña Zaida.

—Qué bebé más bonito —dijo monseñor y se inclinó para besar a la niña en la frente, y le acarició el cabello, y después de hacerlo volvió a los adultos y se despidió—. Pues ya voy con apuro, así que los dejo.

Todos se despidieron del arzobispo con un abrazo y la última fue su hermana, que le pidió que se cuidara, que se cuidara mucho porque los tiempos eran malos, y eran más malos aún más para los sacerdotes. Él volvió a decirle que no se preocupara y la besó en la frente como lo había hecho con la bebé y le prometió rezar por ella, y ella le prometió rezar siempre por él.

—Estás siempre en mis oraciones, ya sabes —dijo Zaida, al tiempo que abrazaba a su hermano y besaba su frente.

En aquel tiempo, las personas escuchaban lo que tenía que decir el arzobispo Romero. Cada domingo por la mañana, cientos de miles oían en la radio la homilía de monseñor. Su voz significaba algo. Un consuelo. Una esperanza. Algo que tocaba como una mano. Habían pasado tres años desde el asesinato de Rutilio, y en aquel tiempo, Romero había seguido el que creía su camino. No había abandonado la visita a las comunidades, seguía siendo el mismo con la gente, amable, cercano, cariñoso, capaz de escuchar a cualquiera que lo necesitara, pero cuando subía al altar y daba su homilía, se transformaba, algo obraba en él y aquel hombre dejaba su condición humilde y se volvía de una fortaleza desconocida, inexplicable. El discurso al que se había referido doña Tita había sido pronunciado en la Catedral de San Salvador el día antes de verse. Aquel 23 de marzo, docenas lo escucharon en la iglesia, pero miles, cientos de miles, lo oyeron por la radio. Durante la homilía monseñor pronunció unas palabras cuyo peso específico es difícil de comprender. *En nombre de Dios pues, y en nombre de este sufrido pueblo, cuyos lamentos suben hasta el cielo, cada día más tumultuosos, les suplico, les ruego, les ordeno… cese la represión.* Quien lo dijo ya no era un hombre común. Lo hizo sin temor y su voz era una campana que todos oyeron, aunque no estuvieran presentes o frente a una radio, porque ese instante se convirtió en un puente luminoso que unía dos partes de la historia de un país, un puente de luz sobre dos territorios de sombra. En ese momento, sin saberlo, monseñor sellaba su condena de muerte. Pero había dicho lo que tenía que decir. Había usado las palabras justas. Terribles. Valientes. Perfectas. Se había convertido en el profeta de su pueblo. Había dejado atrás al hombrecito que iba a reunirse con su hermana, al hombrecito amable que bendecía a los niños en los cantones y se sumergía en el río y se bañaba como uno más, bajo el sol. Había dejado atrás al hombre que hablaba con voz silenciosa y consolaba a los borrachos y a los ancianos o daba consejos a los muchachos heridos de amor. Se había erguido sobre todos los demás hombres transformándose.

Al día siguiente, el 24 de marzo del año 80, ese hombre que era, se dispuso a dar misa al final de la tarde en la capilla del hospital de la colonia Miramonte. Un lugar conocido como *el Hospitalito Divina Providencia*. Monseñor vivía en una pequeña habitación frente a la capilla. Así que aquel día, al llegar de la casa de su hermana, descansó un rato en su cuarto, rezó una oración, se vistió con sus ropas de sacerdote y salió para dar la misa. En la puerta de la capilla se detuvo para saludar a la gente y cruzar alguna palabra. La misa pasó como otra cualquiera. Se leyó el evangelio y monseñor dio un pequeño discurso. Se rezó, como es habitual, el padrenuestro, se dieron la paz y finalmente se dispuso a dar la eucaristía. Tomó la copa en una mano y la hostia en la otra y pronunció una oración, con la que pidió por la paz para su pueblo, con los brazos levemente extendidos. Un instante antes de acabar su plegaria, sonó un disparo. Uno solo. Había venido de atrás, de más allá de la entrada de la capilla. Le dio justo en el corazón.

4

Jon Sobrino escuchó el teléfono sonar, así que dejó el libro que tenía en las manos, salió de su habitación y caminó hasta la sala. A esa hora, cerca de las siete de la tarde, la casa estaba oscura y silenciosa. No había nadie más allí, así que todas las luces estaban apagadas. Sobrino levantó el auricular y saludó. Al otro lado sonó la voz entrecortada de una mujer. *¿Qué dice?*, preguntó Sobrino. La mujer decía algo incomprensible, atropellada, acuosa, una mezcla de palabras y llanto. Sobrino insistió y la mujer balbuceó lo que había querido decir.

—Le han disparado a monseñor.

—¿Le han disparado? ¿Cómo que le han disparado, está herido?

—Le han disparado.

—Pero, a ver, a ver, está muerto. ¿Eso quiere decirme?

—Le dispararon —sollozó la mujer—. Lo han matado.

Sobrino colgó el auricular sin decir más. Estaba literalmente en medio de la oscuridad absoluta.

De inmediato, salió de la casa y se dirigió a la oficina del provincial de los jesuitas, que entonces, marzo de 1980, estaba a cargo de un sacerdote de apellido Jerez. La oficina estaba a sólo unos pasos de su casa, la misma donde, años más tarde, Tojeira recibió la noticia de la muerte de los jesuitas de la UCA. A esa hora, la secretaria del provincial se había marchado, así que fue el mismo padre Jerez quien salió a abrirle la puerta.

—¿Cómo estás, Jon?

—Pues, a decir verdad, impactado. Esa es la palabra.

—¿Ha sucedido algo?

—Acabo de recibir una llamada. Creo que será mejor oír las noticias.

—¿Pero qué sucede?

—Acaban de asesinar a monseñor Romero.

Encendieron la radio y en algunas emisoras estaban hablando de la muerte de monseñor. No daban muchos detalles, pero sí anunciaban que había sido asesinado por un disparo mientras ofrecía una misa en la capilla del Hospitalito. Los dos hombres escucharon una y otra vez lo que decían los periodistas, en silencio. No era sin duda algo que no hubieran temido de alguna manera, aunque no había sido tema de conversación, quizá se mencionó alguna vez, pero, secretamente, todos habían pensado que lo de monseñor podía ocurrir. La muerte de Rutilio sólo había sido la primera de muchas entre los religiosos. En esa época se acuñó la frase: *Haga patria y mate un cura.* Parecía una broma macabra, una que, penosamente, se llevó a términos fatales demasiadas veces.

Sobrino suponía que la noticia había llegado a todas partes, pero quiso ir hasta la universidad, por si no se había enterado el resto de sus compañeros. Caminó al campus, que atravesó por entero desde la entrada peatonal hasta las oficinas administrativas, al otro extremo. No había casi ningún alumno en ese momento, pues las clases solían terminar a las siete o incluso antes. Fue un paseo en la oscuridad hasta donde se dirigía. En las oficinas encontró a muchos de sus compañeros. Sobrino ni siquiera tuvo la necesidad de preguntarles si se habían enterado. El silencio era aterrador. Cada uno de ellos parecía una sombra proyectada sobre un suelo congelado, tan frío. Como una escena que perteneciera más a una pintura que a una película. Detenidos o moviéndose en cámara lenta, lentísima. La desolación se había apoderado de ellos.

Las campanas de muchas iglesias sonaron toda esa noche. Se encendieron tantas velas, miles, cientos de miles, quizá millones, que pronto no quedaba una para poder comprar en el mercado o en las tiendas. San Salvador amaneció, al día siguiente, un tanto gris, como si estuviera por caer una tormenta, pero no llovía, no era época de lluvias, era otra cosa, como una camisa a la que se ha lavado por tanto tiempo y de manera tan brusca que ha perdido el color. Se supuso que el humo de las velas había ennegrecido todo alrededor. Se sabe que muchas de las fotografías tomadas ese día no poseen color e inexplicablemente sólo muestran imágenes en blanco y negro. Alrededor de los cerros y los volcanes, la niebla permaneció por tres días y sus noches. Los habitantes de esas regiones, que eran muchos, contaban historias de haber visto andar a través de la niebla a la silueta de monseñor. Otros dijeron que lo habían escuchado sonreír. Alguno más, que le había concedido un milagro. En cada misa de cada iglesia de todo el país se habló de monseñor Romero y se pidió por el descanso de su alma. Está claro que la nación entera se convirtió en esos días en un largo lamento y una súplica interminable. Muy pronto, también, se dijo quiénes habían podido ser sus asesinos. Se habló del mayor Roberto d'Aubuisson Arrieta, un hombre vinculado a los Escuadrones de la Muerte, un grupo paramilitar que se convirtió en el terror de esos días y cuyas actividades incluían secuestros, torturas y asesinatos. Este hombre, que luego sería el fundador del partido de la principal fuerza política de la derecha, la Alianza Republicana Nacionalista (ARENA), jamás fue llevado a juicio. Aunque más tarde hubo testimonios que lo inculparon, testimonios de sus mismos compañeros; murió después de una larga convalecencia debido a un cáncer de esófago sin ser juzgado. Pocos dudan de que él fuera el culpable de este crimen, no quien disparó el arma, sino el que dio la orden. Y sin embargo, a pesar de la insistencia con el nombre de d'Aubuisson, el culpable del crimen permanece en la sombra, la respuesta sobre quién fue el asesino de Romero permanece sin tener una respuesta definitiva.

Como cuando asesinaron a Rutilio, también se llamó a una misa única, que se celebraría en la catedral metropolitana el domingo 30 de marzo. Llegó gente de todo el país. Los asistentes se contaron por miles. Cien mil, ciento cincuenta mil, no podía saberse cuántos conformaban aquella multitud diseminada tanto en la iglesia como en la plaza Gerardo Barrios, que se encuentra en frente. También había asistentes en las calles aledañas. La plaza en la que se concentraban está rodeada de edificios, la Catedral queda en la cara norte, el Palacio Nacional en el oeste, la biblioteca en la cara sur, y en el este una serie de oficinas que hoy en día ocupan restaurantes. Apostados en las terrazas y azoteas de todos ellos, había miembros del ejército y de la Guardia Nacional. Durante un tiempo todo se desarrolló en calma, pero en un instante dio un giro inesperado. Sonó una bomba de estruendo en la esquina del Palacio Nacional. Nunca se supo quién lanzó aquel artefacto, si alguien del ejército o de la guerrilla, quienes estaban mezclados con los dolientes. Lo cierto es que los soldados apostados en Palacio dispararon contra la multitud. Muchos murieron por las balas, pero otros tantos, quizá incluso más, murieron aplastados por la multitud al producirse una estampida que intentaba entrar a la catedral. Eran tantos que era imposible darles resguardo. Por los megáfonos se pedía que mantuvieran la calma. Era inútil. El terror había dado paso al caos. Los soldados que se encontraban en el edificio de lo que entonces era un banco, y en la actualidad, la Biblioteca Nacional, abrieron fuego. No se necesitaba apuntar, disparaban y alcanzaban a quien fuera, niño, mujer, hombre o anciano. Algunos contestaron la agresión con armas de bajo calibre, pistolas sobre todo. Algunos que corrieron hacia las calles aledañas fueron abatidos por los soldados que se apostaban en todo el perímetro. El centro de la ciudad se convirtió en el escenario de una masacre. Aún puede verse en algún vídeo de la época esas escenas terribles. Gente tirada en el piso, vivos junto a muertos, o arrastrándose para intentar salir de la zona al tiempo que intentaban no ser un blanco fácil. Más tarde, podían observarse cientos de zapatos perdidos en la calle por aquellos que intentaron huir como mejor pudieron. Docenas murieron ese día. Esa tarde, San Salvador, desolado, en silencio, lloró no sólo a su arzobispo sino también a muchísimos otros.

5

—Hay una foto —dice Sobrino—, en la que se ve a Ellacuría cargando el féretro de monseñor ese día en la catedral.

—No lo sabía. No sabía que había asistido.

—Pues sí, allí estábamos todos.

—He visto muchas veces las imágenes de ese día. La gente corriendo o arrastrándose y los megáfonos pidiendo que tuvieran calma y el sonido de los disparos y los muertos, una locura. Y una cosa que me impresionó: docenas de zapatos tirados en la calle después de que todo pasara. Nunca se me olvida esa imagen.

—Pues así eran esos años.

—¿Y si eran así, por qué se quedaron? ¿No pensaban que podrían matarlos?

—Habían matado a muchos de nosotros y ni pensemos en los civiles, miles de muertos, por eso digo que yo estoy convencido de que Ignacio sabía que podían matarlo.

—¿Y ustedes lo sabían?

—Nosotros lo sabíamos, o más bien, lo pensábamos —responde Sobrino—. Había estado en algunas listas negras del ejército, esas que preparaban para saber a quién iban a matar primero y a quién después, y por eso había salido exiliado. Con todo lo que sucedía y había sucedido, sabíamos que podía pasar. No es que lo habláramos, porque esas cosas no se hablan, pero lo sabíamos. La UCA había sufrido atentados, nos pusieron cuatro bombas. Estaba claro que se corría peligro e Ignacio lo sabía más que ninguno de nosotros.

—¿Recuerda cuándo lo conoció?

—¿A Ignacio?

—Sí, a Ellacuría…

—Lo conocí jugando al fútbol. En el seminario organizábamos un partido entre los seminaristas y los sacerdotes, eso fue a finales de los 50, seguramente. Ignacio era unos años mayor que yo, así que jugábamos en equipos distintos. Él lo hacía de interior.

—¿Y era bueno?

—Era bastante bueno —me asegura Sobrino.

—¿Y desde entonces se hicieron cercanos?

—¿Cercanos? Eso sucedió después.

—Pero puedo decir que usted lo conoció bien, no digo en esa época sino con el tiempo.

—De alguna manera, sí.

—Vuelvo a preguntarle: ¿quién era este hombre? ¿Por qué decidió quedarse aquí? ¿Cuándo supo que no se marcharía?

—Nadie sabe exactamente esas cosas —contesta Sobrino—. Nadie puede saber qué hay en la mente y en los sentimientos de una persona. Si fue un acto de amor, pues bien, nadie se atrevería a aseverarlo, y sin embargo, me pregunto ¿qué otra razón había para quedarse?

La oficina de Sobrino se encuentra en el Centro Monseñor Romero. No es ni amplia ni cómoda, es un espacio simple, con un escritorio, una computadora y muebles repletos de libros ordenados. Una ventana amplia que mira hacia el sur nos muestra un pequeño jardín. Si pudiéramos salir por esa ventana y caminar hacia el oeste, unos pasos más allá, nos encontraríamos con un espacio lleno de rosas que florecen todo el año. Veinticinco años atrás, sobre ese mismo espacio, se encontraban los cuerpos sin vida de Ellacuría y sus compañeros. Pero las ventanas no pueden abrirse como para dejarnos pasar ni es nuestra intención hacerlo. Nuestra intención es hablar sobre Ignacio Ellacuría, conocer la historia de cómo llegó hasta aquí y de qué manera se convirtió en lo que se convirtió. Tenemos que retroceder mucho más en el tiempo, casi setenta y cinco años, y volver a una mañana en la que un hombre, un sacerdote, preguntó si alguien quería ofrecerse como voluntario para viajar a América. Sentados en sus butacas, un grupo de jóvenes seminaristas jesuitas, ninguno de ellos mayor de 19 años, lo escuchó con la fascinación con la que se oye una historia de aventuras. Aquel hombre les habló sobre un sitio con calles de piedra situado en las estribaciones de un valle dominado por un volcán y rodeado de cerros que eran parte de una cordillera que se extendía desde México hasta las regiones profundas de América del Sur, y cuyo trayecto sólo se veía interrumpido por el canal de Panamá. El seminario se encontraba situado en una ciudad llamada Santa Tecla, al occidente de San Salvador, la capital de El Salvador. Ellacuría, que era un chico de apenas 19 años, dijo que estaba dispuesto a realizar el viaje. Había entrado dos años antes en el Noviciado Jesuita en Tudela, Navarra, era delgado como un pino visto desde muy lejos, y solía jugar al fútbol, porque desde esos años oía en la radio los partidos del Athletic de Bilbao.

Ellacuría había nacido en 1930 en un pueblo llamado Portugalete, en la provincia de Vizcaya, en el País Vasco. Si hubiera sido un hombre de una altura considerable, y, de pie en la plaza de su pueblo hubiera mirado hacia el frente, habría visto el mar, si lo hubiera hecho hacia la derecha habría visto la ciudad de San Sebastián, y más allá Pamplona y Francia. Y sin embargo no miró ni a la derecha ni a la izquierda ni al frente, donde se hubiera encontrado con las enormes regiones de los hielos, miró hacia otro lado.

Una tarde, visitó a su padre en Portugalete para comunicarle la noticia. Aún era un lugar de calles de piedra con casas que siempre mantenían las ventanas abiertas por donde entraba el griterío de las gaviotas y el olor del mar, tan leve.

—¿Dónde queda ese lugar? —preguntó su padre.

—El Salvador está en América. En el centro de América.

—¿Y es un buen lugar para vivir?

—Malo no debe ser. Hay muchos jesuitas allí. Dicen que es un lugar exuberante lleno de árboles gigantescos, como es América.

—Habrá enfermedades.

—Como en todas partes.

—Y no habrá tortilla de patatas. Ni guiso. Ni jamón.

Caminaban por la calle y cuando se acercaron a una fuente, su padre se dirigió hasta ella y se inclinó y bebió. El agua era fresca, casi dulce, y se observaba el reflejo del hombre inclinado perderse dentro de la figura del sol, que caía a esa hora en el agua. Era una fuente de piedra, redonda, muy simple. El agua transcurría monótona imitando el sonido de un arroyo.

—Será cosa de poco tiempo, dos años tal vez.

—Dos años sin tortilla de patatas.

—Bueno, habrá patatas en América.

—Y sin fútbol.

—Habrá transistores.

—Quizá, pero no será lo mismo. Nunca es lo mismo.

Unas semanas más tarde, Ellacuría se encontraba en un país que no había imaginado. En los años 50, en El Salvador las puertas de las casas no se cerraban hasta entrada la noche y se podía caminar por las aceras recién pavimentadas sin mirar siempre atrás. En las calles se cruzaban las carretas tiradas por caballos o bueyes con automóviles Ford. En la madrugada, entre la niebla, muchos días se podía escuchar el sonido de los silbatos de las carretas que venían del puerto y se dirigían a los mercados. Veinte. Treinta carretas. El conductor de la primera de ellas hacía sonar su corno y le respondía el último y avanzaban con su terrible lentitud a través de las calles negras, al amparo de los faroles de gas, atravesando la niebla de las cinco de la mañana mientras las campanas de las iglesias llamaban a la misa. La vida transcurría en el centro, donde se encontraban la oficina de correos, los pocos hoteles, los cafés, los parques más grandes en cuyos kioscos, situados siempre al centro, las orquestas interpretaban piezas de Vivaldi o Strauss al final de la tarde. Todo transcurría con una lentitud que se ha perdido para siempre. Las personas vestían con trajes, a pesar del calor, corbatas delgadas, trajes, pantalones por encima de la cintura, sombreros, y se podía almorzar en los puestos de los mercados o caminar a las diez de la noche o quedarse a estudiar en los parques, con la vigilancia de los búhos que bajaban de los cerros o del volcán. Y nada sucedía. No se tenía que mirar siempre hacia atrás o varios metros hacia adelante, no había que estar alerta. A esa clase de país llegó el joven Ellacuría, a uno de grandes avenidas y árboles de follajes enormes como colinas suspendidas en el aire y repletos de flores amarillas y blancas. Dominando la ciudad, un volcán. Y rodeándola a toda ella, cerros y colinas que hacían un anillo que se juntaba en los declives, como una montaña rusa de dimensiones colosales, verde y florecida todo el año. A la ciudad la atravesaba un río de aguas poco profundas, pero navegable, según decían los lugareños. Santa Tecla conservaba un clima templado y no le fue difícil acostumbrarse. Y se puede decir que tuvo una vida plácida y que pronto aprendió que las personas que vivían en las inmediaciones del lugar eran de sonrisa fácil, muy católicos. Creían tanto en san Antonio y san Ignacio como en la Virgen María y también en los duendes o en una mujer que se aparecía a los hombres mayores, siempre a la orilla de los ríos. Personas sencillas con las que a él le parecía muy fácil acercarse y hablarles de las bondades del evangelio.

—¿Se quedó mucho tiempo?

—No. Como todos los jesuitas que venían en esa época, se marchó a Quito, a la Universidad Católica. Y volvió y poco después se marchó a Innsbruck, Austria, y estudió con Rahner.

—¿Y ese quién es?

—Un teólogo muy importante, Karl Rahner, una eminencia.

—¿Y volvió?

—A inicios de los 60 estudió en Madrid, en la Complutense. Se acercó a Xavier Zubiri y se convirtió en su discípulo predilecto.

—Eso es bien sabido.

—Sí, lo sabe todo el mundo. Se dice que Zubiri no publicaba nada sin que antes lo hubiera leído Ellacuría. Pero bien, después de graduarse, regresó a finales de los 60 y se incorporó a la UCA. Pero ya todo había cambiado. Ya el país no era el mismo, había rumores de guerra y eran comunes los secuestros, y la violencia hizo que poco a poco las puertas se fueran cerrando y se guardaran las casas bajo llave. Los salvadoreños cambiaron, se volvieron temerosos, desconfiados, y se empezó a hablar en voz baja y siempre lejos de las ventanas. Había *orejas* por todas partes. La Guerra Fría que enfrentaba desde años atrás a los Estados Unidos y la URSS había llegado a San Salvador.

—¿Y es cuando realmente empieza todo?

—No lo sé. Quizá sí. Aunque para Ellacu, en mi opinión, todo empezó en 1976.

—¿Y qué pasó?

—En esa época, la UCA era una universidad sin tanta incidencia en la política. Recibía ayuda gubernamental y empezaba a crecer. La universidad importante en el país era la Nacional, que era donde se dice que se gestó todo el movimiento que llevó a la formación de la guerrilla. La UCA se estaba convirtiendo en una opción para que los muchachos estudiaran, aunque no tenía aún el prestigio ni el respeto de la Universidad Nacional. Pero empezaba a andar, y editaba publicaciones importantes como la revista *ECA*, que tenía repercusión en muchos ámbitos.

»En 1976, el Gobierno del coronel Molina, presidente de El Salvador, anunció una reforma agraria, que consistía en proveer de tierra a varios miles de familias campesinas, en detrimento de los latifundistas existentes. Pero esta sólo tuvo un comienzo prometedor y se extinguió muy pronto. No se expropiaron más tierras ni se favoreció a los campesinos. Contrariado, Ellacuría escribió un editorial en la revista *ECA* donde decía: "El Gobierno ha cedido, el Gobierno se ha sometido, el Gobierno ha obedecido. Después de tantos aspavientos de previsión, de fuerza, de decisión, ha acabado diciendo: a sus órdenes, mi capital". Eso le valió a la UCA un retiro de la ayuda económica gubernamental y al autor del editorial, un desprestigio frente al gobierno militar de turno.

»Así que para entonces el jesuita ya tenía una posición definida. Ya tenía una voz. Y era una voz puesta al servicio de aquellos que no la tenían, y aunque pueda parecer una afirmación romántica, no lo era, no en 1976. Podían matarlo por decir lo que dijo. Los asesinados y desaparecidos se contaban por cientos, pronto, por miles.

—Rutilio Grande, monseñor Romero, muchos más.

—Sí. Muchísimos más. Y él decidió quedarse. ¿Por qué? Nadie puede saberlo realmente, pero asumió su responsabilidad. Sólo salió por unos años, cuando alguien le avisó que estaba en peligro de muerte, que estaba en una lista negra de esas que preparaba la inteligencia del ejército. Y se fue pero no dejó de ser rector de la universidad, se ocupó de ello desde fuera, pero pronto, a los pocos años, dos o tres, volvió y no se marchó más. Se cuidaba, no salía a las comunidades, no iba al cine, no salía una tarde a comer una hamburguesa, pero no se marchó. Se quedó aquí y se dedicó a decir lo que pensaba, a fortalecer la UCA, a dar voz a los que no la tenían, que eran casi todos. Su pensamiento prevaleció y se convirtió en un faro encendido para muchos. Se enfrentó con su razonamiento a aquellos que más tarde le asesinarían, y lo hizo con convicción... y con fe. Quién era este hombre, no lo sé. Como tampoco sé cuándo supo que tenía que quedarse o qué le hizo tomar esa decisión, la ingenuidad, el amor, la revelación de una misión divina. No importa. Lo cierto es que fuera lo que fuera que lo llevara a eso, tuvo la fe y la valentía de hacer lo que creía que era lo correcto. Y lo hizo hasta sus últimas consecuencias.

6

Sobrino salió de la casa de los jesuitas en la UCA sin despedirse de sus compañeros, pues era muy temprano. Era el día 8 de noviembre de 1989. Una mañana extraña a causa de la neblina que había avanzado desde los cerros cercanos hasta el campus, y que se había resguardado en las ramas altas de los árboles hasta adquirir el aspecto de una telaraña gigantesca tejida en el borde del ramaje. Sobrino no reparó en ello, llevaba prisa. Tenía que tomar un avión. El primero de una serie de ellos, pues se dirigía a Tailandia, donde había sido invitado para impartir un retiro espiritual. En el auto que lo llevaba al aeropuerto le dijeron lo que se rumoreaba, que se preparaba una ofensiva militar. Sobrino dice que no era la primera vez que la guerrilla anunciaba una ofensiva, que muchas ocasiones antes lo habían hecho y eso significaba, casi siempre, una incursión o enfrentamientos esporádicos en posiciones militares cercanas a la capital o incluso un atentado contra una institución del Gobierno o un funcionario de alto nivel, pero nada que pudiera significar algo de importancia fundamental. Así que no se alteró ni supuso que hubiera un motivo para cambiar algo relacionado con su viaje.

En Tailandia todo sucedía como lo tenía previsto. El retiro se impartía en una casa junto al mar, y nada alteró su serenidad hasta el día trece, cuando la noticia de la ofensiva militar llegó hasta él y comprendió que ocurría algo distinto a todo lo que había supuesto. Llamó de inmediato a San Salvador y preguntó para informarse y le dijeron que, pese a los enfrentamientos, todos en la casa estaban bien, que no había novedad con sus compañeros jesuitas, salvo un cateo el día lunes en la casa de la UCA, pero que no había traído consecuencias.

—¿Ha vuelto Ignacio ya?

—Vino el lunes por la tarde. Chema lo llamó cuando estaba en Guatemala y quiso convencerlo de que se quedara, pero resultó inútil.

El lunes por la mañana, después del desayuno, los jesuitas de la UCA discutieron sobre la llegada de Ignacio. Se pensó que bien podía quedarse en Guatemala y se le pidió a Tojeira que le llamara. Y Tojeira lo hizo. Trató de convencer a Ignacio de que se quedara en Guatemala, que no era necesario que volviera, pero él se negó. Estaba lleno de confianza en que podía ayudar. Que se necesitaba su presencia para acercar posturas, para ayudar a que la ofensiva cesara. Quería volver para abogar por la paz, aunque sonara idealista. No hubo manera de convencerlo.

Después de la llamada, Sobrino siguió con las actividades de su retiro y no hubo nada que lo perturbara en los días siguientes. Al menos no lo hubo hasta que recibió una llamada, no de San Salvador, sino de un amigo suyo radicado en Londres.

—¿Estás sentado, Jon?

—¿Cómo que si estoy sentado? Pues sí, estoy sentado.

—Jon… Han asesinado a los jesuitas de la UCA. Han matado a Ellacuría, a Segundo Montes, a…

Cada nombre era como si le arrancarán un jirón de piel. Lo destruía. Era una bofetada a su alma.

—A Martín-Baró, a Joaquín López y López, a Amando López, a Juan Ramón Moreno y a dos mujeres, Elba y Celina Ramos.

Escuchar lo de las mujeres lo llenó de rabia. Para él, que hubieran asesinado a sus compañeros era doloroso, terrible, pero aun así, podía entenderlo, o, al menos, asimilarlo mejor, pues cumplían una tarea, pero que hubieran asesinado a esas mujeres era un acto que sobrepasaba sus límites.

Tras la llamada, Jon Sobrino salió a caminar por la playa. Lo acompañaba un hombre que era su guía y traductor en aquel país. Era una noche sin luna, una oscuridad estrellada. El mar no olía como en las costas que conocía en El Salvador. Era el océano Pacífico, pero distinto, sin el oleaje tremendo de las costas salvadoreñas, sin bullicio de gaviotas, sin el escandaloso olor a sal. Parecía, si acaso, más oscuro. Una extensa pátina bajo los astros, sin barcos en el horizonte, sin hombres en la playa, salvo Sobrino y su acompañante. A lo lejos, entre la sombra de las montañas, los diminutos focos de una aldea de pescadores, y más allá, un faro, muy lejos hacia el sur. Sobrino estuvo mucho tiempo sin hablar, sintiendo la arena, pensando en otras épocas, tratando de no imaginarse las escenas finales de sus compañeros. Trataba de rezar una oración, que empezaba y era interrumpida por un recuerdo, una frase, la imagen de un rostro, una voz, muchas voces, la última comida, la despedida de Ignacio cuando salió de viaje hacia Europa. ¿Por qué había tenido que volver? ¿Hubieran asesinado a los otros de no haber estado allí? Demasiadas preguntas sin respuesta.

Después de un rato, su acompañante se acercó a él, se cruzaron algunas breves frases educadas, pero aquel hombre hizo esa pregunta tan inapropiada como terrible.

—Padre Jon, ¿por qué cree usted que no es un mártir como ellos?

—No soy digno —contestó Sobrino, sin llegar a meditarlo—. Porque no soy digno.

7

A la mañana siguiente, al reunirse con las personas a las que daba el retiro, se ofreció una misa. Se improvisó un altar y llevaron flores para adornarlo. Al final de la misa, le preguntaron a Sobrino si quería decir unas palabras.

—Tengo una mala noticia que darles: han matado a toda mi familia. Tengo una buena noticia que darles: yo he vivido con gente muy buena.

Sobrino habla de sus compañeros como antes habló Ellacuría de monseñor Romero, con la misma devoción, ocupando palabras que para un religioso poseen un peso específico muy grande. *Gente buena*, ha dicho de ellos. Y mientras dice todas estas cosas, él mismo ha adquirido cierta levedad. Días atrás, cuando le solicité la entrevista, me pareció una piedra sin fisuras, algo rígido, y sin embargo, la tarde de esta conversación, toda esa dureza dio paso a la levedad. Sus palabras se engarzaban unas a otras como en una partitura. Había en su discurso una cualidad rítmica propia de la música. Una intensidad, un drama, un significado, una hondura, propias, no de una conversación cotidiana en la oficina de una universidad, sino de una obra que se representa en un auditorio y nos narra una historia tremenda, la de un instante que ha vuelto a explicar la naturaleza de lo humano.

—¿Por qué los mataron, padre? —le pregunto, aun cuando sé que antes se lo han preguntado demasiadas veces.

—Los mataron por decir la verdad —dice Sobrino.

— ¿Lo cree, padre? ¿Fue así? ¿Es tan simple como *por decir la verdad*? ¿No es demasiado ingenua esa respuesta?

212

—Nosotros pensamos sólo en nosotros mismos, pero estos hombres ya no pensaban en ellos, su individualidad abandonó el Yo y se convirtió en un Nosotros. Si eso es aceptable o comprensible para la mayoría, es intrascendente. Por eso Romero dijo lo que dijo cada domingo, denunciando lo que estaba convencido que debía ser denunciado, asumiendo su liderazgo aun a sabiendas del riesgo que implicaba decir esa verdad. La imagen del pastor que protege a sus ovejas de una manada de lobos armado únicamente con su cayado podría ser bastante precisa. No tenía oportunidad, pero no retrocedió. Tampoco estos retrocedieron. No era posible para su fe. Ellacuría no podía permanecer en silencio. Lo que tenía que decir, lo dijo. Su última palabra siempre era guiada por su fe. Su fe era su última verdad. Y esa verdad incomodaba. Esa verdad que se decía abrazaba a las masas, les ofrecía un camino a seguir, les mostraba el cómo y les explicaba el porqué. Y eso no gustaba, incomodaba a muchos.

—¿Y eso causó una reacción?

—Una reacción irracional. Por eso los mataron. Por esa verdad. Por su fe. Y por esa fe, Tojeira no pudo convencerlo de no volver. Él tenía que volver.

—Tenía que venir y mediar con ambos bandos. O eso decía él. Y se sabía que él estaba cerca de ambos. Cristiani mismo lo había invitado a participar en una comisión investigadora para el caso Fenastras.

—Sí. El presidente lo había invitado. Recibió la invitación mientras estaba de viaje.

—¿Ellacuría era cercano a Cristiani?

—No puedo decir que eran cercanos, pero se habían acercado.

—¿Y hubo una razón para ello?

—La razón es la más obvia de todas: él creía en una solución razonada al conflicto. Habíamos visto y sufrido el espanto por años. Habían sucedido atrocidades incontables, masacres, torturas, secuestros, ya la nación estaba cansada y enferma. Ellacuría quería tender un puente entre ambos bandos y eso no era fácil. Muchas veces incluso podía considerársele como idealista, como ingenuo. Pero él estaba convencido que sólo el diálogo podía lograr la paz. Y para eso tenía que hablar tanto con el FMLN como con el Gobierno del presidente Cristiani.

—Y así lo hizo.

—Así lo hizo, sí.

8

En el año 89, la Casa Presidencial estaba ubicada en las estribaciones del barrio San Jacinto. Tras ella, se encontraba el zoológico nacional. El zoo permanece en el mismo sitio, pero no así la casa del presidente, que se trasladó a la zona norte de la ciudad de San Salvador. Pero en septiembre de ese año, dos meses antes de que se desatara la ofensiva, aún podía escucharse, por la noche, el rugido de los leones que venía del parque vecino o el parloteo de las aves, cuyas jaulas se encontraban tras la casa. Frente a la propiedad, algunos de los pinos más altos y antiguos de América crecían en un jardín que no necesitaba jardineros pues la hierba tenía la extraña cualidad de no crecer. Los pinos estaban separados unos tres o cuatro metros entre ellos y debió de ser un agradable paseo andar bajo su sombra en cualquier época del año, pero sobre todo llegada la Navidad, cuando los adornaban con focos de colores y eran un hermoso espectáculo. No había flores en el jardín. Ni bancas para sentarse. Y muchas veces se decía que no había sido construido para permanecer en él, sino para aislar. Cierto es que nunca se veía a los inquilinos de aquella casa pisar la hierba. Salvo soldados o los trabajadores que colocaban los focos en diciembre, permanecía solitario todo el tiempo.

La casa tenía grandes ventanales y amplios salones y se dice que también tenía pasadizos secretos, algunos que llegaban al centro de la ciudad, aunque nadie ha podido constatarlo jamás y ninguno de sus antiguos ocupantes lo ha confirmado. Aquel septiembre del año 89, un buen número de soldados se apostaba frente a la casa, a la entrada, y otros cuantos más transitaban con lentitud a través del jardín, y había muchos más detrás de la propiedad. En el interior, sin embargo, todo parecía abandonado a la calma. Un olor de carne asada a la parrilla llegaba desde un patio interior al comedor. En el comedor, estaban sentados el presidente Alfredo Cristiani y el padre Ellacuría.

—Mire, debo decirle que es la primera vez que me invitan a esta casa presidencial —dijo Ellacuría, en cuanto se sentó a la mesa.

No era la primera vez que se producía una reunión entre el político y el sacerdote. Meses atrás, cuando Cristiani era ya presidente electo de la República, le había solicitado una reunión para hablar sobre un tema que suponía que a ambos interesaba: el inicio de un proceso de paz. Cristiani sabía del jesuita, lo había leído y escuchado en numerosas ocasiones, incluso habían coincidido en algunos actos de carácter oficial como el doctorado *Honoris Causa* otorgado al presidente de Costa Rica, Óscar Arias. Sin embargo, no habían tenido nunca una reunión en privado. El presidente tenía en mente lanzar una propuesta de un proceso de paz y sabía que Ellacuría podía ser clave. Hasta entonces, no sabía cómo reaccionaría el **FMLN** ante una propuesta como esta, y no quería dar un paso en falso. Por eso llamó a Ellacuría, le habló sobre lo que pretendía y el jesuita se ofreció para intermediar con los dirigentes de la guerrilla y tratar de acercar posturas. Y así lo hizo.

De eso habían transcurrido algunos meses, y el proceso hacia la paz, después de una década de guerra civil, había empezado.

—Usted no es vegetariano, ¿no, padre?

—Claro que no, no se preocupe. De donde vengo, uno aprende a comer de todo.

—Perfecto, porque esa carne está muy bien.

—Bueno, así parece, y eso que aún no la hemos visto.

Comían una ensalada pero el olor escandaloso de la carne llegaba hasta ellos como un anuncio.

Me cuenta Cristiani que ese día platicaron sobre los testigos del proceso de paz. Habían pedido a la Conferencia Episcopal dos representantes para que la Iglesia católica fuera testigo de las conversaciones. A Ellacuría le parecía bien, pero no del todo, pues, en su opinión, no sólo debía haber testigos de la Iglesia católica, se necesitaba representación de otros sectores de la sociedad.

—Creo que debe haber mayor apertura. Los empresarios, las iglesias evangélicas, eso ayudaría a la credibilidad.

—Podemos estudiarlo —dijo Cristiani.

Comieron la carne y el resto del almuerzo y bebieron café en una mesa en el jardín interior. Era una tarde plácida. A lo lejos, se escuchaba el sonido de los animales del zoológico. Mientras bebían, un hombre recortaba unos arbustos y otro más regaba los macizos de flores que crecían bajo las ventanas. Cristiani y Ellacuría hablaron un rato más sobre el proceso de paz, de sus posibilidades y sobre cómo proceder en una situación y en otra. Unos minutos más tarde, se despidieron.

Cristiani me asegura que esa ocasión fue la última vez que se reunió con el padre Ellacuría.

Casi dos meses más tarde, la mañana del día 16 de noviembre, Cristiani bebía una taza de café cuando recibió una llamada que le informó de la muerte de los padres jesuitas, entre ellos, Ignacio Ellacuría. Las palabras en el teléfono, al principio volátiles, fueron adquiriendo densidad y sombra. Había pasado hasta tarde en la noche en el Estado Mayor, pero afirma que nunca se le informó de nada.

—¿Cómo recibió la noticia?

—Mal. Muy mal, explica Cristiani. Por varias razones era de lo más negativo que podía suceder en ese momento. No sólo por la forma en que habían sido asesinados, como una verdadera barbarie, también porque estábamos en medio de la ofensiva que estábamos tratando de manejar lo mejor posible para salir de ella y este hecho lo complicaba todo. Además, habían acabado con una persona que había estado colaborando en el tema de la paz, una persona que tenía contactos obvios con el FMLN y, a nuestro criterio, cierta trascendencia, pues era muy respetado por la guerrilla. Ignacio Ellacuría era una persona clave para acercar posiciones. Como yo lo veía, era una pena muy grande que hubiera muerto.

Eso piensa en primera instancia, pero lo que sucedió después toma una dirección contraria a ese pensamiento. Asesinar a los jesuitas debilitó tanto a la Fuerza Armada, su imagen internacional, que los llevó a ceder. Y quizá, sin saberlo, fue el punto definitivo para alcanzar el proceso de paz. Su muerte influyó de muchas maneras en ello.

Han pasado veinticinco años. No estamos en la Casa Presidencial sino en una oficina de San Salvador. La mesa es amplia, para reuniones entre muchas personas, pero estamos nosotros. Cristiani fuma un cigarro y ha dejado sobre la mesa una taza de café, de la cual no bebe en ningún momento de la conversación. Junto a mí, un vaso de refresco, que tampoco pruebo. No hay sonido de aves afuera, ni llegan rugidos de leones, estamos demasiado lejos, encerrados, aislados del resto, invocando los nombres de unos que ya no están, conversando sobre cosas de muertos. El aire acondicionado ronronea, el ambiente es artificialmente gélido, la luz es clara pero insuficiente, estéril. No hay una sola flor, una sola planta en aquel lugar, no sólo en la oficina, sino en todo el edificio. Es septiembre, como cuando se reunió por última vez con el padre Ellacuría.

Da una calada al cigarro. Se le ve tranquilo. Sereno. No hace aspavientos. Hablamos mientras todo alrededor se extingue porque parece que no hay nada alrededor, salvo nuestras voces que se entrelazan en una serie de preguntas y respuestas que traen al presente hechos terribles sucedidos hace más de dos décadas pero cuyo significado sigue teniendo vigencia, como si hubieran sucedido apenas unas semanas atrás.

Hablamos de su relación de Ellacuría. Me habla de cómo lo conoció, de cómo recibió la noticia de su muerte y de su decisión de asistir al sepelio. Su voz parece contener algún tipo de emoción, incluso cuando me asegura que asistió al sepelio porque es lo que se hace cuando muere alguien a quien se aprecia.

—Yo sabía que no iba a causar buena impresión en ciertos círculos —dice Cristiani—, pero era importante dar una señal de que ese hecho no era aceptable.

—¿Alguna vez sintió temor por esos círculos?

—En dos oportunidades tuvimos información de que hubieron pláticas en grupos de oficiales que hablaron de golpes de estado. Una casi al inicio y la otra ya cuando estaban avanzados los acuerdos de paz. Y en la ofensiva una de las primeras acciones de la guerrilla fue tratar de asesinar a los presidentes de los tres órganos del Estado. A mí me buscaron en mi casa. ¿Que si temía por mi vida? Pues sí. Sí temía por mi vida. Ya se habían visto demasiados casos de golpes de estado donde apresaban o mataban o exilaban al mandatario.

Estamos sentados en sillas de oficina y seguimos hablando y él continúa con su cigarro. No se escucha ningún ruido que venga de fuera, como si todos en aquel edificio se hubieran marchado de repente. En algún momento, le pregunto si para él la muerte de los padres significó un impulso determinante en la búsqueda de la paz. Me dice que cuando se supo que el asesinato había sido cometido por elementos de la Fuerza Armada, la institución tuvo tal desprestigio que ya no pudo posicionarse en contra del proceso, y los militares tuvieron que permitir reformas que antes parecían poco probables o imposibles.

—Tuvieron que aceptar cosas muy duras —afirma Cristiani—. Dar de baja a ciento dos oficiales en un año fue una de ellas. Ciento dos oficiales entre los que se encontraba el ministro de Defensa, los comandantes de todos los cuarteles del país, además de altos cargos del Estado Mayor. Todo el mundo esperaba que hubiera podido salir el famoso grupo que no estaba bajo control —como dijo Walker a Tojeira.

Antes le he mencionado que en alguna ocasión, el embajador Walker le dijo a Tojeira quiénes habían acabado con los jesuitas.

—¿Estamos hablando de la Tandona? Mi pregunta hace referencia a la promoción de militares que era conocida bajo ese apelativo, en la que se encontraban algunos de los altos mando del ejército: coronel René Emilio Ponce, jefe del Estado Mayor conjunto de la Fuerza Armada; Inocente Orlando Montano, viceministro de Seguridad Pública; Juan Orlando Zepeda, viceministro de Defensa; Óscar León Linares, comandante del batallón Atlacatl; y Francisco Elena Fuentes, comandante de la Primera Brigada de Infantería.

—No necesariamente —dice Cristiani—, había oficiales de fuera de la Tandona, por ejemplo, el general Bustillo. Con él hubo que lidiar cuando sacó a la fuerza aérea el primer día, aun cuando se le había ordenado que no lo hiciera. Lo llamó el alto mando y lo hizo entrar en razón. Había de todo, no sólo la Tandona.

La Comisión de la Verdad en su informe sobre el caso de los padres jesuitas acusa a seis militares de estar implicados en el asesinato, cinco de ellos pertenecen a la Tandona: Ponce, Montano, Zepeda, León Linares y Fuentes. El sexto militar es el entonces jefe de la Fuerza Aérea, el coronel Bustillo. A pesar de ser acusados, nunca fueron llevados ante la justicia. Cuando se celebró el juicio por el asesinato de los jesuitas, se juzgó y condenó a sus autores materiales, al coronel Benavides y los miembros del batallón Atlacatl que participaron en el asalto, pero no a los autores intelectuales, no a los altos mandos, quienes se cree que dieron la orden.

Cristiani deja el cigarro sobre un cenicero. No lo ha apagado. Tose una o dos veces. Me pregunto cuánto tiempo llevará fumando, si estará enfermo por ello.

La oficina donde estamos se encuentra en un edificio de tres niveles gris y blanco, con dos guardias en la puerta. No son guardias como en su etapa de presidente, no son militares, sino civiles con poco entrenamiento, los habituales de las empresas de seguridad que abundan en San Salvador. Los saludo al salir del edificio y los dejo atrás. Avanzo a través del bullicio de una mañana llena de color. Nada hay blanco y negro en el día, salvo lejanas nubes de lluvia. Han anunciado que lloverá por la tarde pero ahora será mediodía. Nubes de humo salen de las cocinas. Hay un bullicio de automóviles, que a esa hora parece ya insoportable. El día es caluroso. Las ventanas de ciertas oficinas lucen banderas azul y blanco, pues este mes se celebra la independencia del país. En unos días empezarán las celebraciones, y el día quince la Fuerza Armada saldrá a las calles para realizar el habitual desfile. De niño, quizá con seis o siete años, iba en un autobús del colegio a mi casa, y en un semáforo, saqué mi puño para mostrarlo a un pequeño grupo de soldados que se encontraban parados en una esquina. No sé qué hacían esos soldados en el lugar, tampoco sé por qué les mostré mi puño, ni recuerdo quién de los que iban en aquel autobús conmigo me obligó a dejar de hacer eso. Lo que recuerdo con terrible claridad es el temor que mi gesto generó en mis acompañantes. El gesto de un niño de seis o siete años. Me dieron un golpe en la cabeza, me dijeron idiota, y no sé qué más. Debió ser a mediados de la década de los 80. El miedo era real. Un miedo que era el contenido de una olla de hierro sobre el fuego cuyo estofado hubiera hervido por los últimos cien años. Sabía que continuábamos teniendo miedo, pero su naturaleza era otra. Los soldados ya no nos provocaban otra cosa que no fuera indiferencia. El desfile militar entusiasmaba a los niños o a los muy viejos.

Camino a través de las calles iluminadas por el sol de septiembre, bajo los grandes árboles de una avenida sin nombre. Pienso en la conversación que acabo de tener con un hombre que fue testigo de una historia que se escribió con sangre. Trato de comprender el peso de sus palabras. Su significado. Trato de mirar a través de ellas como si adivinara los gestos de seis hombres que caminan a través de la niebla de la madrugada. Quiero entender cuál es el camino que debo seguir.

—No existían pruebas para la parte intelectual de los hechos —dijo Cristiani minutos atrás—. ¿Cómo actúa uno ante la justicia? No había pruebas de los autores intelectuales, a quien quiera que hubiéramos inculpado habría salido libre. Nunca logramos pruebas. A nosotros nos correspondía llevar a la justicia a los culpables. Benavides pudo haber sido el autor intelectual, pero obviamente él no fue, otros oficiales en la reunión habrían tenido que dar la orden, pero no hay pruebas. Desaparecieron las grabaciones de la Escuela Militar. Lo que ha sido difícil es explicar cómo era el ambiente o el escenario que vivíamos en ese momento dado y si ciertas cosas eran viables o no en aquel momento, si teníamos todos los elementos para poder llegar a más.

—¿De haber tenido una prueba de aquello, habría sido viable enjuiciar a los autores intelectuales?

—Si Benavides hubiera dicho: esta cosa se decidió en una reunión con X, Y, Z, y a mí me lo ordenaron y me tocó ir a dar la orden al batallón Atlacatl, pues X, Y, Z hubieran tenido el mismo destino, un juicio, pero nunca dijo nada. Él se quedó diciendo *Yo fui y yo fui*. No hubo manera.

—Eso desde el punto de vista legal, pero desde el punto de vista personal, ¿usted cree que hubo algo más allá? ¿O es tan simple como decir *Yo decidí esto y los mandé a asesinar*?

—¿Que si había más que Benavides y los otros oficiales que participaron en esto directamente? Sí —dice Cristiani—. Yo tiendo a pensar que sí.

Envejezco varios años mientras camino calle arriba. No es una temperatura habitual para septiembre. El sol parece más grande, tengo la sensación de que se ha acercado de alguna forma. Es enorme como una luna de plenilunio. Me siento sofocado pero no dejo de andar. De pronto me pregunto dónde estarán los X, los Y y los Z. En qué lugar del mundo el calor los destruye.

Séptima parte

1

El sábado 11 de noviembre, poco antes del mediodía, se envió una orden de alerta máxima a todas las unidades del ejército. Eso significaba que los enfrentamientos que empezaban a producirse en las afueras de San Salvador no eran algo aislado sino parte de algo mucho más grande. Los miembros del ejército que estaban de permiso tenían que volver a sus cuarteles, los profesores de la escuela militar tenían que prepararse para resguardar la seguridad de sus alumnos y quedaban sin valor los permisos que se habían concedido para después de las doce del mediodía.

Ese sábado, el vicepresidente Francisco Merino subió a un helicóptero en la sede del Estado Mayor y se dirigió hacia la sede del batallón Atlacatl, al oeste de la capital. El Atlacatl era un batallón de infantería de reacción inmediata, creado por sugerencia de asesores estadounidenses y entrenado en Carolina del Norte por las Fuerzas Especiales del ejército de los Estados Unidos. El modelo de este batallón fueron los boinas verdes estadounidenses. Se ha hablado mucho acerca de su papel durante la guerra civil, pues se le recuerda tanto como la unidad más efectiva y temible, así como la más sanguinaria. Se le acusa de ser culpable de numerosas atrocidades, entre ellas, algunas masacres contra la población civil. Su leyenda es negra y sombría. En los años de la guerra, la población hablaba de estos hombres con una mezcla de orgullo y temor. Su entrenamiento era sin duda superior, y su efectividad, notable. Se sabía que nadie era mejor para llevar a cabo una misión que estos hombres. El vicepresidente Merino los visitó ese día sábado, por la tarde, y estuvo reunido con sus altos mandos por más de cuatro horas.

—¿Se conoce de qué habló o qué hizo, qué órdenes llevó y de quiénes?

—Eso no se ha sabido nunca —contesta Tojeira—, pero se puede suponer que llegó a hacer una negociación con el coronel Oscar Alberto León Linares, que en ese tiempo era el comandante de batallón Atlacatl.

—¿Y por qué se puede suponer eso?

—El presidente Duarte abrió un período de amnistía durante su mandato, que fue a mediados de los años 80, y el único militar que se acogió a esa amnistía fue León Linares. Este hombre era un militar duro pero no era nada tonto, y si eres el comandante del Atlacatl y te piden una unidad para trasladarla a San Salvador, un grupo de combate que no va a combatir, porque no iban a combatir, era obvio que su misión era otra. Así que pensamos que este hombre pidió seguridades políticas, como había hecho con Duarte. No podía pedírselas a los militares porque los compañeros ahora estaban y luego no.

—Tenía que pedírselas al Gobierno.

—¿A quién podían mandar para darle seguridades políticas? Al presidente, era muy complicado. ¿Al vicepresidente, que era conservador y amigo de los militares? Sin duda. Merino era perfecto. Merino era el hombre para ese encargo. Se sabía que los militares estaban muy cerca de este hombre, de hecho, había quien decía que por mucho tiempo tuvieron la intención de darle un golpe de Estado al presidente Cristiani y poner en su lugar a Merino.

—¿Y León Linares sabía la misión que su batallón llevaría a cabo?

—Pensamos que sí. Hay una declaración de uno de los miembros del batallón Atlacatl que cuenta que el jueves por la mañana, día 16, sin descansar, se incorporan a la lucha en la zona de Mexicanos. Y por radio, León Linares le pregunta ¿Ya lo hicieron? Y él responde: Sí, mi coronel. Y se refería a la misión, no hay duda. Siempre lo supieron. Al menos él lo sabía, la tropa no lo sé, y no lo creo. Y no importa.

Al final de la tarde de ese sábado, había enfrentamientos entre las fuerzas del FMLN y el ejército por toda la capital y sus alrededores. Al caer la tarde, la gente se resguardó en sus casas y ya para entonces era evidente que algo de una magnitud mucho mayor de lo habitual estaba pasando. Por la noche, las fuerzas guerrilleras atacaron la residencia del presidente Cristiani. Se informó por la radio de aquello, pero la transmisión se cortó cerca de las once de la noche, cuando las emisoras de todo el país fueron obligadas a enlazarse a una cadena nacional de radio, Radio Cuscatlán, que pertenecía el ejército. Radio Cuscatlán informó que había ataques por toda la ciudad pero que estaban controlados y que la avanzada guerrillera no duraría mucho tiempo. Cerca de la medianoche, la gente empezó a comunicarse con la radio, algunas llamadas salieron al aire y lo que se dijo fueron cosas terribles. Muchos pidieron empezar a asesinar sacerdotes, a quienes consideraban unos comunistas, unos traidores, gente cercana a la izquierda.

—¿Hubo alarma, padre? ¿Alarma por esas llamadas?

—Algo, sí. No era mucha gente la que tenía este pensamiento tan oscuro, pero era real que muchas personas tenían esta manera de vernos. Una cosa impensable. Recuerdo algo que me impresionó mucho. Alguien llamó y dijo: que saquen a monseñor Rivera al Parque Bolívar para que lo mate la gente. No a pedradas, a escupitajos. Y yo no podía creerlo. Era irracional. Esa noche también se pidió la cabeza de Ellacuría.

Al día siguiente, un grupo de élite del batallón Atlacatl, quizá los hombres más destacados y preparados, viajaron a San Salvador para prestar apoyo al Estado Mayor del ejército. Se pusieron a la orden del coronel Cerna Flores, que era jefe de operaciones del Estado Mayor, un cargo conocido como C-3. Aquel domingo, los miembros del Atlacatl no hicieron mucho, salvo dar seguridad a las instalaciones. Al día siguiente, lunes, se les encomendó la primera parte de su misión.

2

Ignacio Ellacuría llegó cerca de las cinco de la tarde del lunes al Aeropuerto Internacional de Comalapa en un vuelo procedente de la ciudad de Guatemala. Había en el lugar una sensación de urgencia, el toque de queda era a las seis y todo tenía que efectuarse con rapidez. El padre Amando López y el padre Francisco Estrada habían ido por él. El viaje fue a trechos silencioso, aunque se habló de los últimos sucesos, de lo inesperada que había resultado semejante ofensiva, del ataque a la casa de Cristiani y del llamamiento de un sector de la población para que se asesinara a sacerdotes. Ellacuría tenía mucha confianza y afirmaba que había llegado a mediar entre las partes, que tendría que hacer algunas llamadas, reunirse con el presidente, y que todo acabaría pronto. A pesar de su buen ánimo, pronto se vio afectado por la extraña desolación de la carretera. No se encontraron a los habituales vendedores de frutas. Los pueblos que se levantaban en las colinas a ambos lados parecían abandonados, incluso habían perdido su color y adquirido una tonalidad gris. Los jesuitas no lo notaron, iban demasiado concentrados en lo que conversaban, pero si hubieran prestado atención, habrían descubierto el cambio en el color, como una postal de mil novecientos uno, y el frío que había llenado de escarcha las puntas de las hojas de los árboles. Salvo una jauría de cuatro o cinco perros diminutos de pelaje leonado, no vieron a nadie en todo el trayecto, eso al menos hasta que llegaron a la altura de San Marcos, que marca el inicio de la ciudad de San Salvador, donde observaron a unos soldados que atravesaban la calle, a unos quinientos metros, lo que hizo que disminuyeran la velocidad. No llegaron a verlos cuando pasaron junto a aquel trecho, pues habían bajado por una zanja perdiéndose entre los arbustos y los árboles que había en esa zona de la carretera.

Faltaban veinte minutos para las seis cuando llegaron a la entrada para vehículos de la universidad. Aquel día, el portón estaba cerrado. A ambos lados, flanqueándolo, había miembros del ejército. Cuando el automóvil se detuvo frente al portón, unos soldados se acercaron, y uno de ellos dijo: *Es el padre, déjenlo pasar.* Y se refería a Ignacio Ellacuría.

—¿Fue una casualidad que supiera quién era? —le pregunto—. Ellacuría era muy conocido, salía cada tanto en la prensa o en la televisión.

—No lo creo. Nosotros creemos que lo estaban esperando. Además, más o menos media hora más tarde, se registró la casa donde vivía Ellacuría en la UCA. Así que podemos pensar que lo esperaban.

Antes de las seis treinta, miembros del batallón Atlacatl asaltaron la entrada peatonal de la universidad. Entraron al campus para hacer un cateo en el Centro Monseñor Romero y la residencia de los jesuitas, que están en el mismo edificio, aunque en alas y con entradas distintas. Los padres no se enteraron de la presencia de los militares hasta que ya estaban dentro del bloque.

—Cuando entraron —cuenta Tojeira—, Ellacuría, que para esas cosas conservaba la calma pero no abandonaba la firmeza, le advirtió al que estaba al mando de la tropa, al teniente Espinoza, José Ricardo Espinoza, que su casa no formaba parte de la universidad sino de la Compañía de Jesús, así que necesitaba una orden para hacer el registro.

—¿Y qué le dijo Espinoza?

—Pues de manera respetuosa le indicó que estaban en estado de sitio desde el día anterior y que ellos podían hacer lo que consideraran necesario. Y que iban a revisar toda la universidad. Se suponía que habían ido a revisar porque buscaban armas, pero ya no les creyeron.

—¿Por qué?

—Porque era obvio para todos que habían ido allí para ver a Ellacuría. Para comprobar si estaba en la casa y quiénes más vivían en esa casa.

—¿Y por qué era obvio?

—Primero, porque lo conocían. Espinoza lo llamaba por su nombre. A Segundo Montes también. Y además, porque no se comportaron como otras veces. No era la primera vez que cateaban la universidad. Siempre se habían interesado en papeles y cosas así, se hablaba mucho en los cateos, se pedían explicaciones de una cosa y de otra, pero esa vez no sucedió nada de eso. Además, coincidía con la llegada de Ellacuría, era muy obvio.

No hubo ninguna agresión. Los militares se comportaron con relativa amabilidad. En el cateo no se encontró ningún pertrecho de guerra, así que pasados unos cuarenta minutos, poco más, poco menos, los soldados abandonaron el lugar.

3

—Esta casa es una ratonera —dijo el padre Lolo, Joaquín López y López—, si vienen no hay modo de escapar.

El comedor olía a café. Los jesuitas conversaban sobre el cateo y el padre Lolo no era optimista. Se había levantado de su silla y caminaba con lentitud alrededor de la mesa. A pesar de ser tan temprano en la mañana, parecía cansado, y lo estaba. No había dormido bien por culpa de los dolores que sufría a causa del cáncer. Llevaba enfermo un año y en ocasiones los insoportables dolores lo doblegaban. Esa mañana, sin embargo, a pesar de la falta de sueño y el dolor, se había levantado e incluso paseado un rato alrededor de la capilla antes del desayuno.

Joaquín López era salvadoreño. Había nacido en 1918 y entrado a la Orden de la Compañía de Jesús a los veinte años. Se ordenó sacerdote en el año 52, en España, y regresó al país para vincularse con el Colegio Jesuita de San Salvador. Aunque su vocación pasaba más por educar a las clases populares, era uno de los fundadores de la universidad. Había peleado en el año 64 para que la Asamblea Legislativa salvadoreña aprobara una ley que permitiera las universidades privadas. Hasta entonces, la única universidad que existía en el país era la Universidad Nacional, fundada dos siglos antes. No fue algo sencillo, pero nada lo era en un país donde todo parece llegar con retraso. Aunque no fue el único que participó en esta lucha, pues lo acompañaron otros dos jesuitas, José María Gondra y Florentino Idoate, sí fungió como la parte más activa en la batalla legal. De eso habían pasado ya tres décadas y media. En ese tiempo, había fundado también una organización, Fe y Alegría, con la que había conseguido llevar a las clases populares una educación básica, talleres de carpintería, corte y confección, e incluso escuelas de primaria. En el año de 1989, aun con el cáncer tan avanzado que tenía, el padre López era el director de su organización.

—Yo no me fiaría de estas personas —advirtió el padre Lolo—. Los conozco mejor que ustedes.

—Ni tú ni nadie, Lolo —dijo Segundo Montes—. Todos sabemos en el país que vivimos, pero eso de venir a hacernos algo, eso ya es otra cosa, no lo sé.

El peso de la historia reciente del país era un sombrío respaldo a sus palabras. No podía decirse que no conociera a los suyos. Tenía catorce años cuando se produjo la matanza de miles de campesinos a cargo del ejército del general Martínez, en 1932. Recordaba el olor de las zanjas en las que habían arrojado los cuerpos, un tufo que se había extendido por kilómetros e inundado casi entera la zona occidental del país. Y recordaba también las columnas de humo en el horizonte, esas que la gente decía que provenían de las fogatas en las que quemaban a los cuerpos. Nadie sabía el número, veinte mil, treinta mil, nunca se llevó un registro de la matanza, pero más grande que el número de cuerpos era el miedo. Los asesinatos impunes se habían repetido incontables ocasiones. El padre López sabía, quizá más que sus compañeros, que la posibilidad de que volviera a pasar era real.

—No creo que vaya a suceder algo tan grave —consideró Ellacuría.

—No estaría tan seguro —dijo el padre Cardenal—. Lolo tiene razón, como mínimo no podemos confiarnos.

—Es la guerra —añadió el padre López.

—Además —siguió el padre Cardenal—, esto no fue un cateo a la UCA, dijeron que estaban disparando desde aquí, que había armas. Eso era mentira, era mentira y todos lo sabíamos, ellos y nosotros. Dijeron que revisarían toda la universidad y sólo revisaron el lugar donde vivimos. Estos han venido aquí para saber dónde estamos y quiénes somos, creo que van a deportarnos.

Cuenta Tojeira que durante la mañana y la tarde no se habló de otra cosa que del cateo y de la ofensiva. También dice que había tanta tensión en los dos sacerdotes centroamericanos, López y López y

Cardenal, de origen nicaragüense, que sus compañeros trataron de convencerlos para que pasaran unos días en la casa de Santa Tecla. El padre López se negó, pero no así el padre Cardenal, que se marchó y eso le salvó la vida.

Durante la última estancia del padre Ellacuría en Barcelona, a inicios de ese mismo mes, durante una entrevista le preguntaron sobre la posibilidad de que lo mataran como había sucedido antes con otros sacerdotes, y Ellacuría respondió: *Matar, siempre lo pueden hacer, pero sería tan irracional que lo hicieran, que no lo creo.* Si esa confianza era real o lo era sólo en parte, es difícil saberlo. Lo cierto es que tenía motivos para la confianza. En los últimos meses se había producido un acercamiento entre Ellacuría y el Gobierno, sobre todo con el presidente Cristiani. Tiempo atrás, la universidad había concedido un doctorado *Honoris Causa* a Óscar Arias, el presidente de Costa Rica que fue premio Nobel de la Paz, y a ese evento había sido invitado Cristiani, que fue a la ceremonia. En su discurso, el padre Ellacuría habló sobre los pasos que se debían seguir para la paz. Dijo que estaba más cerca que nunca, tanto por el agotamiento de las partes, por la voluntad de la guerrilla, como por el talante ético del presidente Cristiani. El presidente acogió muy bien ese discurso, como había querido Ellacuría, que no había pronunciado al azar aquellas palabras que eran parte de su idea de buscar un acercamiento.

Poco antes de la ofensiva, hubo un atentado en la sede de la organización Fenastras, la Federación Nacional de Trabajadores Salvadoreños, en el cual murieron nueve personas, entre ellas, la secretaria general, una mujer llamada Febe Elizabeth Velásquez. No era un hecho menor. Fenastras era una organización de importancia en el ámbito político nacional, muy cercana a la izquierda. Por eso era un caso en el que el Gobierno debía mostrar su interés, lo que fue así, por lo que se creó una comisión de investigación a la cual Cristiani invitó al padre Ellacuría. El atentado sucedió el 31 de octubre. A inicios de noviembre se comunicaron con Ellacuría, que estaba en Barcelona, para hacerle aquella invitación en nombre del presidente de la República. Ellacuría respondió que antes de aceptar tenía que hablar con los jesuitas de San Salvador, pero sin duda toda su voluntad y su ánimo estaban destinados a aceptar el encargo. Cuando volvió al país aquel lunes sombrío, día 13 de noviembre, Ellacuría estaba lleno de confianza.

El miércoles, después de la hora del almuerzo, Tojeira llegó a la casa de la UCA para tomar un café y conversar. En una situación como aquella, con el ruido de la batalla escuchándose como una tormenta que cae en alguna parte pero está a punto de llegar, y la tensión que generaba esa inminencia, era un paseo agradable caminar desde la casa donde vivía hasta la universidad, bajo la sombra de los árboles y las aceras desiertas, salvo por pequeños grupos de soldados apostados en las esquinas.

La universidad desolada era algo a lo que Tojeira no podía acostumbrarse. Si hubiera sido un día normal, el campus habría estado lleno de jóvenes yendo y viniendo. En la capilla, a esa hora, estaría ensayando el coro, y alrededor habría muchachos sentados contra el muro o tirados en la hierba, leyendo, hablando, o comiendo las hamburguesas que compraban en la calle. Si no hubiera existido la ofensiva, el sonido levísimo de la brisa hubiera pasado desapercibido y por todas partes el griterío de la juventud se habría movido como oleaje entre los salones y los pasillos y los espacios baldíos. Pero no había nada de eso. El silencio se explayaba por todo el lugar, adquiría densidad, se hacía casi palpable, permitiría que aquello que habitualmente era ignorado, la brisa, el olor de los macizos de flores, tomara forma en la dirección de quien avanzara por la calle interna de la universidad, frente a la capilla, como lo hizo Tojeira antes de entrar al lugar donde se encuentra la casa de los sacerdotes, a través de una puerta de metal que la separa de la parte lateral de la capilla.

Cuando entró al salón aledaño al comedor, aún flotaba un aroma de guiso de carne. Algunos de sus compañeros comían fruta y otros fumaban. Después de saludar a cada uno de ellos, se sentó en una silla de madera junto a la puerta, y Elba, la mujer que los atendía, le ofreció café. Tojeira dijo que tomaría una taza. Participó, más como oyente, de una discusión amistosa que dividía a Ellacuría del resto. Ellacuría creía que la ofensiva acabaría pronto, otros decían que no lo parecía, que duraría muchos días, semanas incluso. Alguno más decía que sucedería como en Nicaragua, que la gente saldría a las calles y apoyaría a la fuerza guerrillera.

—Esto es más serio, Ellacu, no es algo que vaya a acabar pronto.

—Que no, hombre, si en tres días no queda nada. Ya verás cómo se acaba pronto.

—A mí no me extrañaría que sucediera como en Nicaragua, que la gente saliera a las calles. Si sale la aviación, eso puede levantar a la gente.

—No creo que la aviación vaya a salir. No creo que pudieran atreverse a bombardear la capital... Sería una animalidad.

El café se enfrió en las tazas pero lo bebieron así, a grandes sorbos, y se levantaron todos menos Ellacuría y Tojeira. Era aquel un salón agradable para estar y conversar. Tojeira no había hablado mucho hasta entonces con Ellacuría, pero aquella tarde el rector se acercó a su provincial y le contó cómo el coronel Zepeda, que pertenecía al Estado Mayor, le había llamado para preguntarle si su hijo podía estudiar sin problemas en la universidad, a lo que Ellacuría le había dicho que sí, que no se preocupara, que a su vuelta de España le llamaría.

—¿Ves, Chema? —dijo Ellacuría—. Ahora tenemos más oportunidad de hablar con los militares, más entrada con los cargos altos. Montes tiene contacto con el coronel Vargas también. Son conservadores, pero se puede hablar con ellos. Un hermano de Vargas es profesor de Sociología.

—Sí, lo sé —afirmó Tojeira.

—Y a través de esta relación Montes pudo ir a un campamento de refugiados en Chalatenango. Yo estoy convencido de que tanto Cristiani como la guerrilla nos necesitan. No me cabe ni la menor duda.

—Bueno, sí. Parece que lo que dices es así —le concedió.

Tojeira admite que si Ellacuría le decía que estuviera tranquilo, que no sucedería nada, él le creía. Confiaba plenamente en el rector. Pensaba que Ellacuría tenía toda la experiencia para saber de lo que hablaba. En más de una ocasión había tenido que ausentarse del país, advertido por algún contacto de que se encontraba en una lista negra, que corría peligro, que iban a matarlo. Ellacuría había pasado antes por esa clase de tensiones, nadie mejor que él para saber qué esperar o cuál era su margen de maniobra, o de saber qué paso debe darse a continuación.

Un poco más tarde, Tojeira se despidió de Ellacuría, salió de la casa y deshizo el camino que había hecho antes. El día seguía siendo luminoso, fresco, los macizos de flores desprendían un aroma leve y genuino, una rata corrió entre unos arbustos junto a los edificios de oficinas de los profesores de Filosofía, algunas hojas amarillas se movieron por el suelo llevadas por la brisa, y atrás, en el cielo de oriente, la luna blanca y fantasmal se elevaba por encima de los cerros lejanos, pero de nada de esto pudo darse cuenta Tojeira, cuyos pensamientos lo habían llevado lejos, a la llamada que tenía que hacer a unos seminaristas que se encontraban en una zona conflictiva. Así que caminó sin darse cuenta de lo que ocurría a su alrededor, sin comprender lo que escuchaba, sin saber, incluso, que había visto a sus compañeros con vida por última vez.

4

Cerca de las nueve de la noche del día 15 de noviembre, un hombre atravesó la niebla que se había levantado entre los neumáticos de las tanquetas y los raquíticos árboles que flanqueaban la entrada de la Escuela Militar Capitán General Gerardo Barrios, en la parte sur de San Salvador. Aquel hombre era el coronel Guillermo Benavides, quien estaba a cargo de la escuela y, en esa situación de guerra, de la protección de toda la zona. Los soldados apostados en la puerta lo saludaron y lo dejaron pasar. En la entrada del lugar había un amplio estacionamiento con soldados recostados en sus muros. Pasaban allí la noche, esperaban órdenes, hablaban, jugaban a las cartas o escuchaban la radio mientras hurgaban en alguna lata de comida. Benavides caminó entre los hombres sin saludarlos, se dirigió al viejo casino de la escuela, un salón que usaban para reuniones y fiestas, para encontrarse con sus subalternos. Tenía que comunicarles las órdenes que traía.

El coronel Benavides era el único que había asistido a las reuniones que se realizaban en el Estado Mayor desde el día 11, cuando el inicio de la ofensiva. Regularmente, la Escuela Militar y su comandante no participaban en acciones de guerra, pero el estado de emergencia en el que se encontraban requería esfuerzos inéditos hasta entonces. Desde el día lunes, la zona que comprendía el Estado Mayor, la Escuela Militar, la sede de Inteligencia Militar y la colonia Arce, donde vivían muchos militares y sus familias, estaba protegida por una serie de comandos al mando del coronel Benavides. Así que era el hombre a cargo.

Había una mesa grande y sus hombres estaban sentados alrededor. Un aroma de café flotaba por todo el lugar a la manera de una oficina gubernamental a media tarde de un día cualquiera.

—La situación es grave —anunció Benavides—. Más grave de lo que pudiéramos pensar y hay que actuar en consecuencia.

Uno de sus hombres se sirvió una taza de café, y otro, junto a él, señaló con el dedo su taza para que le sirviera también. Mientras esto sucedía Benavides no dijo nada, pero no pareció molesto, su aspecto era de una gravedad sombría, y miraba, no hacia los dos hombres sirviéndose café, sino hacia un punto perdido en un infinito que no se hallaba en esa habitación. Después de esos segundos de silencio, prosiguió.

—Señores, tenemos orden de aniquilar a los altos mandos de la izquierda, vamos a eliminar a todos los líderes. A nosotros nos ha tocado la UCA, que está en nuestra zona. Debemos eliminar al padre Ellacuría. La unidad del batallón Atlacatl ha hecho un reconocimiento y lo tienen todo controlado.

Aquella noche hubo varias reuniones en el Estado Mayor. Hubo hasta veinticuatro oficiales que se reunieron desde las siete de la tarde hasta las once treinta de la noche. Según declaraciones del coronel Ponce, jefe del Estado Mayor de la Fuerza Armada, y del coronel Larios, ministro de Defensa, en esos encuentros evaluaron la situación permanentemente, y analizaron las maneras de recuperar las posiciones que se habían perdido desde el día 11. Además, decidieron que se debían tomar medidas más enérgicas. La principal de estas medidas sería que la Fuerza Aérea realizara bombardeos en algunas zonas clave. Al acabar la reunión, se llamó al presidente Cristiani para que firmara la orden. Cada uno de los que estuvieron en las reuniones en la noche del día miércoles, han negado que se mencionara a Ellacuría o a los jesuitas de la UCA.

El coronel Larios llegó a decir que *se decidió expulsar a los miembros del FMLN de las zonas en las que persistía la agresión…* Y al mencionar esta declaración Tojeira frunce el gesto, y no lo dice pero es obvio que aquella frase le resulta incongruente. En un estado de guerra como aquel ¿por qué habría de tomarse la decisión de expulsar al agresor? ¿Acaso no es una decisión obvia e implícita?

Larios también declaró que Cristiani llegó a reunirse con ellos desde las once hasta las dos de la madrugada. Y Cristiani, a su vez, aseguró en una declaración ante un juez que se presentó a las doce y media de la noche en el Estado Mayor, que entonces se habló de los bombardeos aéreos pero no se mencionó en ningún momento a los jesuitas en general ni al padre Ellacuría, en particular. Según Cristiani, en la reunión estuvieron presentes dos o tres asesores norteamericanos, con los cuales no habló. Si eso fue así, el ministro de defensa, el coronel Larios, los viceministros, los coroneles Zepeda y Montano, y el jefe del Estado Mayor, el coronel Ponce, estaban con el presidente mientras se ejecutaban los asesinatos.

¿Quién dio la orden que Benavides transmitió, a su vez, a los miembros del batallón Atlacatl?

Se ha afirmado que ellos mismos comentaron el asesinato de los jesuitas al salir del Centro Loyola, al final de la tarde. Se les oyó mencionar la misión que se les había encomendado. Si eso es así, la orden llegó mucho antes, no por la noche.

Sea como fuese, si se dio la orden esa noche, esa tarde o la mañana de ese día, o un día antes o una semana antes, lo cierto es que no fue una acción espontánea sino parte de un plan premeditado. Sabemos que la orden fue entregada a Benavides ese día y que este hombre salió de las instalaciones del Estado Mayor, caminó con parsimonia hasta el casino de la Escuela Militar para reunirse con sus subalternos e informarles que tenían que aniquilar al padre Ellacuría y no dejar testigos.

Poco después de la reunión de Benavides con sus hombres, se avisó a la unidad del batallón Atlacatl de que debía prepararse para salir.

5

—¿Y cuál es la verdad de las cosas? ¿Se sentían realmente amenazados o fue un acto de intolerancia, de malignidad, de abuso, de desprecio, de sentirse por encima de todo?

—Un asesinato como ese siempre es un acto de una bajeza inconmensurable. Y de ignorancia. Y de odio —dice Tojeira con la seguridad del que tiene de su parte una certeza.

—Pero se produce en medio de una ofensiva. ¿Era válido en la cabeza de los militares? ¿Era lo que creían que debían hacer realmente, con convicción?

—Ellos lo sabían todo, o casi todo, o al menos sabían que estaban en contacto con ambas partes, había suficiente acercamiento como para pensar que podían darse cuenta de que la voluntad de Ellacuría y los otros no era de guerra, que sus acciones iban encaminadas a que el conflicto se solucionara de una manera pacífica. Por tanto, no tienen justificación. Los jesuitas de la UCA no eran generales, no eran un servicio de inteligencia militar, eran sacerdotes, cristianos, humanistas. Siempre abogaron por el entendimiento, por llegar a la paz a través del diálogo, Ellacuría incluso más que los otros. Por eso se acercó a Cristiani. Él trataba de tender todos los puentes.

—¿Y en ese tiempo, esos puentes podrían no haber sido convenientes?

—Probablemente no.

—Se sabe que los militares no querían la paz. La paz significaba alejarse de muchos privilegios, dinero, poder, esas cosas. ¿No es ese un motivo más real que el odio?

—Podría ser, sí. O no. Es cierto que quizá ese es un motivo real, y que quizá el avance del **FMLN** en la ofensiva pudo llevarlos a tomar la decisión final. Lo cierto es que los motivos no los sé, lo que sí sé es una cosa, el odio era muy grande, un odio irracional que mató a Rutilio Grande y a monseñor Romero y a tantos otros.

—¿Cree que alguna vez se juzgará a los verdaderos culpables del asesinato?

—Eso tampoco lo sé. A veces pienso que no. Todos saben quiénes fueron, todos saben que esa orden sólo pudo venir de arriba, del Estado Mayor, y todos sabemos quiénes eran los miembros del Estado Mayor. Se ha dicho en innumerables ocasiones. ¿Por qué no se hace nada? Porque hay fuerzas muy grandes que lo impiden, fuerzas que conspiraron desde el principio. Y eso es parte del odio también. Del odio a la verdad, a hacer las cosas bien de una vez por todas.

—¿Y se puede hacer algo?

—Insistir.

—¿Vale la pena, padre?

—Siempre vale la pena. Incluso cuando se sabe que puede no llegarse a nada.

—Supongo que lo que dice es como es.

—¿Y ahora vas a preguntarme si los jesuitas murieron en vano?

—La pregunta de siempre. La de todas las entrevistas.

—Sí.

—¿Y murieron en vano, padre?

—No.

6

Los miembros de la unidad del batallón Atlacatl que se encontraban en la Escuela Militar bebían café sentados en el suelo de un pasillo exterior que daba hacia el estacionamiento, tenían las mochilas pegadas a la pared y estaban recostados sobre ellas. Nadie dormía, nadie podía dormirse, esperaban una orden. La orden llegó cerca de las nueve de la noche. Se les pidió que se prepararan para salir. Cada uno de ellos se levantó, amarró sus botas y algunos se camuflaron el rostro utilizando plumones de color negro, pintándose rayas sobre la frente y los pómulos.

En algún momento, alguien preguntó quién de los presentes tenía experiencia manipulando un AK-47. Uno de ellos, un soldado fornido llamado Óscar Amaya Grimaldi, dijo que él podía usarlo, que tenía entrenamiento para ello. Se le entregó uno de esos fusiles.

El AK-47 era el arma que usaba la guerrilla, un fusil de origen ruso, ideado por un antiguo combatiente de la Segunda Guerra Mundial, Mijaíl Kaláshnikov. Durante la guerra de El Salvador, cientos de estos fusiles fueron empleados por las fuerzas del FMLN, la mayoría de ellos enviados desde Cuba. Se fabricaron casi ochenta millones de estos. Uno de ellos fue entregado al hombre fornido.

El resto preparó sus fusiles M-16, que eran los que utilizaba la Fuerza Armada salvadoreña, y que anteriormente habían sido utilizados por el ejército estadounidense en la guerra de Vietnam.

Cuando estuvieron listos, subieron a dos *pick-up* y se dirigieron, no a la universidad, sino a unos apartamentos a medio construir, situados al lado oeste de la entrada peatonal de la UCA. Era un sitio lúgubre, maloliente a aguas sucias que brotaban de un desagüe y formaban una pequeña poza en el medio. En aquel lugar, protegidos por la oscuridad, había algunas tropas destacadas en la zona. Ninguno de ellos sabía de la misión de la unidad del Atlacatl, aunque habían sido informados que se dirigían al lugar y los esperaban. Salvo algún saludo entre los militares al mando, no hubo otro acercamiento entre las tropas. Los hombres del Atlacatl se reunieron en un sitio alejado del resto, se les ofrecieron las últimas instrucciones del operativo. El comando se separaría en tres grupos: el primero acordonaría el lugar en un perímetro amplio, más allá de la capilla y la calle que pasa frente al Centro Monseñor Romero, llegando incluso a los edificios de oficinas de los docentes y las casas alrededor de la capilla. El segundo brindaría seguridad frente el Centro Monseñor Romero. Y el tercero entraría para realizar la misión. Se recordó que el Centro y la casa de los sacerdotes estaban en el mismo edificio, y aunque las fachadas para entrar eran opuestas, estaban conectados, pero eso ya lo sabían porque ellos mismos habían realizado días antes el cateo. También se dijo que debían quemar lo que encontraran en el Centro y se indicó quiénes pintarían las paredes con mensajes en favor del FMLN.

Después de esto, avanzaron en la oscuridad hacia la universidad, que estaba a unos ciento cincuenta metros. Lo hicieron sin hablar, caminando con rapidez. Entraron por la entrada peatonal, que era fácil asaltarla pues estaba protegida apenas por una puerta elaborada con malla ciclónica. Caminaron hasta la zona del estacionamiento que se encuentra poco antes de llegar a la capilla, justo frente a unas antiguas bodegas que en la actualidad sirven de despensa para los empleados. Ese noviembre, en las bodegas dormían los vigilantes de la universidad. Eran cuatro hombres armados con pistolas. Los jesuitas les habían pedido que, llegado el toque de queda, a las seis, se encerraran en el lugar y no salieran hasta que acabara. No eran ni miembros de la milicia ni estaban preparados por la policía, eran simples trabajadores de una agencia de seguridad. Estos hombres estaban acostados en camastros y escucharon con temor la llegada de los soldados.

—Los escuchábamos hablar y sabíamos que eran muchos —cuenta uno de ellos—. Dice que escuchó cómo uno preguntaba: ¿y estos son curas o son guerrilleros? Son curas, le respondió otro.

»Nosotros los oíamos en silencio, sin movernos, casi sin respirar, porque sabíamos que si nos descubrían sólo nos esperaba la muerte.

Después de un breve tiempo, los miembros del batallón Atlacatl se movieron. Caminaron hacia su objetivo y se dividieron en los grupos antes previstos. Rodearon la zona y los que debían entrar se dirigieron a la puerta y la golpearon. Gritaron. Ordenaron a los jesuitas que abrieran.

7

En su habitación, el padre López y López rezaba un rosario cuando los gritos de los militares lo alertaron. Se levantó de su cama, abrió la puerta y escuchó que alguien decía que debían estar tranquilos, que debían mantener la calma. Otro más de sus compañeros rezaba desde su puerta, *padre protégenos en esta hora, ahora y en la hora de nuestra muerte*, y el padre López y López se encerró en su habitación, se sentó en su cama, pero se levantó casi de inmediato, volvió a abrir y oyó a dos de sus compañeros hablar pero no entendió lo que decían. Volvió a entrar y se arrodilló junto a su cama, se tendió en el suelo y rodó hasta perderse en las sombras. Estaba cansado. Enfermo. Tenía miedo. Y no quería tener miedo sino ser fuerte y tener resignación. Pensó que podría ser otro cateo pero lo descartó de inmediato. Aquellos hombres no estaban en aquel lugar para eso. Lo sabía. Habían ido a buscarlos.

El padre Ellacuría recordó de pronto una mañana en una calle de su pueblo y su padre sentado junto a una fuente de agua. Una imagen como un destello. Como el destello de un disparo. Y ese pensamiento le hizo por alguna razón no temer. Se levantó, salió al pasillo y les pidió calma a sus compañeros. Poco después, comprendió que aquella situación no podía esperar mucho más, así que les dijo que lo mejor era salir y enfrentar los acontecimientos. Ellacuría tenía en mente a su padre sentado en la fuente y ese pensamiento se mezclaba con una oración donde hablaba a Dios como si hubiera hablado a un hermano o a un padre, y sin darse cuenta, con pasos firmes, con pasos que se hubieran dado sobre la piedra, recorrió el pasillo hasta la puerta que le separaba a él y al resto de sacerdotes de los soldados. Aquello fue como llegar al borde de un acantilado, detenerse, mirar el mar y descubrir cómo las olas se estrellan contra los escarpados bordes.

—No hagan este desorden —les pidió Ellacuría a los soldados. Su voz era firme, sin temor—. Ya les voy a abrir pero no hagan tanto desorden.

Los soldados lo observaron de pie junto a una hamaca. Vestía una bata café. Parecía sereno. Un rostro sin fisuras. Introdujo la llave en la cerradura, abrió la puerta y los soldados pasaron de inmediato. No lo trataron como el día lunes, cuando el cateo, esta vez lo empujaron, lo tomaron por el hombro y lo llevaron hasta un pequeño jardín en la fachada de la casa, un jardín desprovisto de flores. Le obligaron a recostarse en la hierba, y aquel hombre que era Ellacuría se recostó sobre la hierba, bajo la luna, bajo todos los astros de esa noche, bajo la creación. Pensó que en su pueblo sería de día, que haría frío porque era noviembre, que las montañas empezarían a estar nevadas, que quizá habría escarcha en los árboles, que en la iglesia estarían sonando las campanas anunciando la misa, y en los caminos aledaños, en las colinas, habría cabras y ovejas pastando, y de las cocinas con las ventanas abiertas vendría un aroma de guiso o de queso recién hecho, a café, y la luz sería clara, tan clara como la de la luna sobre él, como la de todas las estrellas arriba, en lo interminable. Y en eso pensaba cuando llegó otro de sus compañeros, el padre Amado, y se acostó sobre la misma hierba, bajo las mismas estrellas. Luego, otro más, el padre Juan Ramón Moreno y el padre Martín-Baró. Cuando eran jóvenes, todos habían llegado a El Salvador desde España, siendo sólo unos chicos, en los dulces años 50, y se habían marchado a estudiar pero habían vuelto siempre, al poco tiempo. Aunque muchas veces habían partido, habían regresado siempre. Y ahora todos ellos estaban allí, sobre la tierra y algo tendría que significar aquello.

—Levántese —le pidieron a Martín-Baró. Lo tomaron del brazo y lo levantaron con violencia pero el sacerdote no protestó. Lo obligaron a dirigirse hasta la puerta lateral que lleva a la capilla y a que la abriera.

Esa puerta estaba muy cerca de la ventana donde se encontraba Lucía Cerna. Y Lucía cuenta que no los vio porque estaba oscuro, pero que escuchó cuando el padre Martín-Baró dijo:

—Esto es una injusticia. Ustedes son carroña.

Pasado un rato, se oyó un susurro. No sólo lo escuchó Lucía, también otros vecinos. Un susurro acompasado. Sobre la hierba, los padres rezaban. No peleaban, no discutían, no pedían misericordia, rezaban. Pedían a su Dios. Sus voces eran como una brisa. Una sola. Se unían en una misma oración. La fe los había llevado hasta donde estaban. En ese momento, su historia era también la historia del mundo.

En su habitación, bajo la cama, en la oscuridad, López y López también rezaba. Aunque no lo sabía, su oración era la misma que la de sus hermanos. Se sentía cansado. Enfermo. Rodó y salió de la oscuridad de debajo de la cama y se levantó. Se levantó con enorme dificultad pero lo hizo con decisión. Tenía miedo pero sabía que no podía quedarse, que tenía que salir y estar junto a sus compañeros. Empezó a andar. Sus pies eran pesados. Iba despacio. Se movía con extremada lentitud.

—¿A qué hora vas a proceder? —pregunta uno de los soldados, el teniente Mendoza, al subsargento Ávalos, quien comprende que ha llegado la hora. Se acerca a Amaya Grimaldi, y le dice:

—Procedamos.

El hombre fornido, Amaya Grimaldi, levanta su AK-47, uno de los ochenta millones que se produjeron, y apunta al hombre de la bata café. Dispara. Ellacuría piensa en calles de piedra y escucha campanas que suenan. El día es luminoso. Y su último pensamiento llega a él, se extingue y todos sus años llegan al instante final.

Amaya Grimaldi dispara a Segundo Montes. Luego a Martín-Baró, a quien da un solo tiro. Ávalos toma su M-16 y dispara al padre Amado y al padre Moreno.

En ese instante, al otro lado del jardín, tiradas en el suelo de su habitación, Elba Ramos y su hija Celina no hacían otra cosa que rezar con palabras atropelladas, desesperadas, y suplicar que no sucediese nada, que aquellos hombres se marchasen y las dejasen tranquilas. Lloraban sin consuelo. *Por favor*, sollozaba la hija.

Un grito vino desde el interior de la propiedad, un *ya* que escuchó con claridad el subsargento Tomás Zarpate, a cargo de las dos mujeres y apostado en la puerta de la habitación. Elba comprendió que era una orden y se volcó sobre su hija, en un penoso intento de protegerla. El soldado levantó su arma y disparó hasta que los sollozos se apagaron.

El padre López y López vio la escena desde la puerta del jardín. Gritó:

—No me vayan a matar. Yo no pertenezco a ninguna organización.

Amaya Grimaldi lo llamó pero el padre López no se dio la vuelta. *Qué pasa compa. Venga*, dice el hombre fornido. Pero el padre López trataba de huir. Trataba de entrar a una habitación. Alcanzó a abrir una puerta, pero desde atrás, un cabo apellidado Pérez Vásquez le disparó y el padre López y López cayó al suelo. El soldado avanzó y cruzó la puerta para mirar la habitación, que estaba a oscuras. En ese momento, cuando pasa junto al padre López, éste toma su pie. Se miraron. Entre ellos creció la oscuridad en un segundo que pareció muy largo, pero el soldado separó su vista de la del sacerdote y levantó su fusil. Disparó una, dos, tres, cuatro ocasiones. La mano que tomaba su pie cayó al suelo.

Y todo acaba. Los seis han muerto. Los asesinan en esa casa, en la universidad que construyeron por décadas.

Se lanzó una bengala que quería decir que era la hora de marcharse. Los miembros del Atlacatl se reunieron en torno a la capilla. Lanzaron una segunda bengala, y es esa la luna que creyó ver Lucía Cerna, esa luna bajo la cual los soldados se revelaron ante ella. Abandonaron el campus y minutos más tarde llegaron a la Escuela Militar. El jefe de la misión buscó al coronel Benavides para informarle que todo se había cumplido como se ordenó.

En la niebla de la madrugada la unidad del batallón Atlacatl salió de la Escuela Militar para dirigirse a la zona de Mexicanos, donde finalmente entraron en combate. Hay un enorme silencio en San Salvador, como si una tregua no pactada hubiera entrado en vigencia. Algunas aves cantan, no se han marchado, no han emigrado a tierras más altas donde nada sucede. Sin que lo noten, el rocío de la mañana cae sobre la ciudad silenciosa, sobre los cuerpos de los soldados que andan, sobre los cuerpos de los jesuitas asesinados, sobre los tejados de quienes duermen sin que sepan aún lo que ha sucedido.

Amanece el día 16. Es noviembre. La luz desciende sobre los hombres y las bestias.

Epílogo

—¿Nota que la luz es más clara? —dijo Francisco Andrés Escobar.

—La verdad, no lo había notado.

Era inicios de noviembre del año 93. Poco sabía de la vida de los jesuitas asesinados en la UCA, aunque había visto en la televisión el juicio realizado años atrás contra los autores materiales. Lo habían transmitido como un espectáculo. Y todos lo presenciamos día tras día como si viéramos la más extensa obra de teatro conocida.

—Siempre es así en noviembre. Siempre. Incluso aquel año.

—¿1989?

—Sí...

—¿Cómo se enteró de lo que había pasado?

—Por la radio. Lo estuvieron anunciando desde temprano. Yo me vine a la universidad en cuanto me enteré.

—¿Usted era más cercano a Ellacuría, verdad?

—Sí, Ellacuría era como un padre. Él me había traído a trabajar aquí.

Francisco Andrés era profesor de Redacción y otras materias de la carrera de Literatura. También era escritor. Más de una vez me contó que Ellacuría lo apreciaba por eso. En el año 78 había ganado un premio internacional de poesía, el de la ciudad guatemalteca de Quetzaltenango, que tenía mucho prestigio en la región, y Ellacuría había escrito un prólogo para esos poemas que incluyeron en el libro cuando fue editado. El profesor Escobar era un hombre afable, de algo así como un metro setenta de estatura, que vestía siempre con jeans y camisetas blancas de algodón. Ya en aquella época tenía el cabello blanco, platinado, aunque no había llegado aún a los sesenta.

—Sabe —dice Francisco Andrés—, Ellacuría siempre me dijo que él estaba convencido de que podría evitar su asesinato hablando con su ejecutor. Creía que podría convencer a cualquiera.

—¿Pensaban en eso, que estaban en peligro?

—Uno asumía eso. A veces se olvidaba, otras se recordaba y lo asumía. Era posible. Bueno, tan posible que al final sucedió.

Estamos en la terraza del edificio de la Facultad de Comunicaciones. Frente a nosotros, un árbol de ramas extensas, casi desprovistas de vegetación. Son poco más de las cinco de la tarde. Abajo, los pasillos están llenos de estudiantes que salen de sus clases. Aquel día acabarán más temprano de lo habitual, es 16 de noviembre, al anochecer se celebrará una procesión, una misa y una vigilia de conmemoración por los padres jesuitas asesinados. La brisa suave trae un aroma de incienso de alguna parte. Nosotros estamos apoyados en el borde de cemento. Ninguno menciona ese aroma.

—¿Usted guarda algún rencor? Me refiero a que si dice que Ellacuría era como un padre, debe ser muy difícil aceptar esa situación. Si ver unas fotografías conmociona no sé qué debe ser haber visto la escena en vivo, verlos allí tirados.

—Cuando uno se encuentra con algo así es como si lo que estuviera viendo no fuera parte de la realidad. Es difícil explicarlo. Muy duro. Inmensamente triste. Pero también con una cuota muy grande de irrealidad. Pero bien, lo que me preguntaba, pues a los que los mataron no les guardo rencor. A los que dispararon, quiero decir. Esos eran monigotes. ¿Comprende?

—Sí. Lo entiendo.

—Esos no podían decir que no. No podían cambiar su propia vida por la vida de unos curas. Eran soldaditos. Si les decían vayan a matar curas era lo mismo que decirles que mataran palomas en el centro.

—Entonces, no les guarda rencor.

—A ellos no. Los verdaderos culpables no son ellos. Y todos lo sabemos. Los que juzgaron y metieron en la cárcel son los leones del circo, los que saltan entre los aros de fuego, pero los dueños del circo son otros. Los dueños son los que dieron la orden. El Estado Mayor. Esos sí. Esos son los asesinos de verdad. Y esos están tan tranquilos. Y para esos el sentimiento es otro. Es detestable que esto no cambie y se les juzgue como debería haber sido desde el principio.

—La verdad es que no parece que eso vaya a cambiar.

—Uno nunca sabe, tal vez con los años.

—Puede ser.

Unos meses antes de que habláramos se firmó la paz entre el Gobierno salvadoreño y la guerrilla. Pero esa paz no trajo ningún tipo de justicia ni a ese crimen ni a otras masacres ejecutadas por ambos bandos.

Han pasado más de veinte años desde aquella conversación. A lo largo de todo este tiempo, el Gobierno español ha intentado extraditar a los verdaderos culpables de la masacre. El Gobierno salvadoreño se ha negado en todas esas ocasiones. Los nombres han sido dichos. Diversas investigaciones han llegado a conclusiones sobre los verdaderos responsables. En ocasiones, todo parece avanzar. En otras, todo parece estar perdido.

—A la capilla había ido antes —digo—. Pero no al museo. Por cierto ¿le dije que no me gustan las pinturas de la capilla?

—¿Muy fuertes?

—Pues sí, son muy duras. Y, a ver, lo que pienso es que más que duras son sombrías.

—Pues es un reflejo de la época.

—Ya. Pero no quiero decir que sean malas. No es eso.

—Sí, si lo entiendo. No se preocupe.

—Son buenas pinturas, creo yo, pero son tan duras, tan sombrías, que hacen que la capilla no parezca una capilla sino otra cosa. Algo como una casa de los horrores. Las pinturas esas, las criptas. Demasiada oscuridad.

Las pinturas cuelgan de las paredes de la capilla y han sido elaboradas con carboncillo en blanco y negro. Muestran escenas de cuerpos torturados, amarrados con cuerdas de metal de las muñecas, tirados en el piso o arrodillados. Hay muchas alrededor de todo el recinto. En una esquina, a la izquierda, se pueden ver los seis nichos en la pared y un cirio siempre encendido frente a ellos. Había visitado la capilla un mes antes, cuando asistí a una mesa de conmemoración de la tía de mi amigo Miguel, desaparecida durante la ofensiva del año 89. Pero aun con las pinturas sombrías y la imagen de los nichos, aquella visita no causó en mí lo que la visita al museo de los mártires.

Había sucedido la misma tarde de la conversación con Escobar. Unas horas antes. Lo tenía en mente desde semanas atrás, pero ese día, después de pasar un rato en la biblioteca leyendo una novela que dejaría inconclusa para siempre, hice el camino que lleva hasta el Centro Monseñor Romero, que es donde se encuentra el pequeño museo. No había nadie en la sala, a pesar de que era 16 de noviembre. Un silencio conmovedor reinaba en la profundidad de aquella habitación estrecha en cuyo centro había una urna que la separaba en dos mitades. Había urnas también en todas las paredes. Lo que se exponía eran las pertenencias de los padres jesuitas y también de monseñor Romero, Rutilio Grande y las de las monjas estadounidenses que fueron asesinadas por el ejército a inicios de los 80. A través del cristal observé un albornoz café con una costra de sangre seca semejante a un mapa, unas sandalias, también con rastros de sangre, camisas rotas por las balas, cuadernos, una Biblia, algunos juguetes, revistas que hablaban del Athletic de Bilbao, camisetas sucias, cinturones, sobres de cartas, y en todo lo que veía podía notar los rasgos de una vida sin lujos, y, en ocasiones, incluso sumida en la pobreza. Pensé que aquellas personas se habían quedado y no logré comprender la razón por la que lo hicieron. Me parecieron buenas personas. Me refiero a que no podía pensar de otra manera. Notables. Simples. Que solían reír. Me pregunté si yo hubiera permanecido en mi país bajo esas circunstancias y me di cuenta de que cualquier cosa que pudiera responderme sería una mentira.

Recorrí todo el salón antes de encontrarme con una mesa sobre la cual descansaba un álbum de fotografías. Lo abrí y me encontré las imágenes de los cuerpos de los jesuitas. De espaldas. Algunos tenían los sesos esparcidos por el suelo, otro apenas un pequeño orificio en la parte de atrás de la cabeza. También vi las fotos de dos mujeres, Elba y Celina. La madre encima de la hija, justo en medio del caos que era la habitación donde pasaban la noche. Las escenas eran terribles. Tanto que casi podía sentir el olor de la sangre. O podía sentirlo pero lo que no podía creer es que fuera posible. Supe que los restos imperceptibles, la ceniza, las partículas de la sangre, debían permanecer invisibles en todo el lugar. En las paredes. En el suelo. No sólo en la tela o el cuero de las sandalias y los zapatos, también pegada a los cristales y a las paredes y al metal de los pomos de las puertas.

Cuando salí del Centro Monseñor Romero no parecía haber nadie en toda la universidad. Caminé sin pensarlo hacia abajo, al edificio de Comunicaciones. Pregunté si estaba en su oficina mi maestro, el profesor Escobar. Me dijeron que sí. Pasé. En cuanto entré en su oficina le dije que acababa de ver el espanto en el museo de los padres. No recuerdo ni qué me preguntó ni qué le respondí, y mi siguiente memoria es que estábamos en la terraza del edificio y él me decía algo sobre la luz de noviembre, si notaba que era más clara.

Aquel día, al final de la tarde, al oscurecer, bajamos para observar la procesión que iba desde el parqueo hasta la capilla. Desde lejos vimos las luces de las velas encendidas acercarse. Escuchamos los cantos de la gente, leves, casi silenciosos, y oímos, lejanas, las campanas de la iglesia de la Ceiba de Guadalupe. El viento seguía trayendo de alguna parte un aroma de incienso. Y yo seguía aturdido por las imágenes terribles de la masacre.

—¿Cuándo cree que empieza esta historia? —pregunté al profesor Escobar sin saber en realidad por qué lo hacía—. Me refiero a la historia de la masacre. ¿Empieza con la decisión de Ellacuría de volverse de Barcelona? ¿O con el inicio de la ofensiva? ¿O desde antes? ¿Cuándo se sella el destino de estos hombres?

—Yo creo —me dijo Francisco Escobar—, que esta historia no comienza con la ofensiva, ni en 1989, ni con la muerte de Romero, ni con la de Rutilio. Sinceramente, esta historia debería empezar en 1950, cuando un cura les habló de este país nuestro a unos seminaristas y les preguntó quién quería venir al seminario de Santa Tecla. Y un tal Ignacio levantó la mano.

No estoy seguro de si la procesión avanzó hasta dejarnos o fuimos nosotros los que caminamos para separarnos de ella. Lo último que recuerdo de esa tarde fue el extraño sonido de un murmullo que se apagaba y una luz lejanísima que se empequeñeció hasta extinguirse.

Agradecimientos

Es necesario y justo para mí agradecer a los que también son protagonistas de esta novela y que con sus testimonios valiosísimos hicieron posible este libro:

Al padre José María Tojeira, S.J.; al padre Jon Sobrino, S.J.; a don José Simán y doña Márgara Zablah de Simán; y al Lic. Alfredo Cristiani, ex presidente de la república de El Salvador, entre muchas otras personas que prefieren permanecer en el anonimato por años de temor y amenazas. Han sido muchas horas de entrevistas las que hemos pasado juntos para recrear los puntos clave de esta historia y de aquellos sombríos días. Quiero agradecer también a Teresa Whitfield y Marta Doggett por sus valiosas investigaciones, que tanto aportaron a la mía propia.